中国农业支持政策绿色转型与创设

王娜娜　罗良国　李新华　著

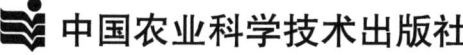
中国农业科学技术出版社

图书在版编目(CIP)数据

中国农业支持政策绿色转型与创设/王娜娜，罗良国，李新华著．--北京：中国农业科学技术出版社，2024.12

ISBN 978-7-5116-6639-0

Ⅰ.①中… Ⅱ.①王…②罗…③李… Ⅲ.①农业政策-研究-中国 Ⅳ.①F320

中国国家版本馆 CIP 数据核字(2024)第 016070 号

责任编辑	穆玉红
责任校对	马广洋
责任印制	姜义伟　王思文

出 版 者	中国农业科学技术出版社
	北京市中关村南大街 12 号　邮编：100081
电　　话	(010)82106626(编辑室)　(010)82106624(发行部)
	(010)82109709(读者服务部)
网　　址	https://castp.caas.cn
经 销 者	各地新华书店
印 刷 者	北京建宏印刷有限公司
开　　本	170 mm×240 mm　1/16
印　　张	9
字　　数	150 千字
版　　次	2024 年 12 月第 1 版　2024 年 12 月第 1 次印刷
定　　价	35.00 元

◆◆◆ 版权所有·翻印必究 ◆◆◆

主要符号对照表

英文缩写	英文全称	中文名称
AES	Agri-environmental schemes	农业环境计划
GATs	Green agricultural technologies	绿色农业技术
CLM	Conditional logit model	条件 logit 模型
DCE	Discrete choice experiment	离散选择实验
DCMs	Discrete choice models	离散选择模型
GEV	Generalized extreme value models	广义极值模型
LCM	Latent class model	潜在类别模型
MNL	Multinomial logit model	多项 logit 模型
MNP	Multinomial probit model	多项 probit 模型
MXL	Mixed logit model	混合 logit 模型
WTP	Willingness to pay	支付意愿
WTA	Willingness to accept	受偿意愿

综　　述

在大多数高收入国家和许多新兴经济体，农业生产带来的面源污染已经超过了生活和工业污染，成为内陆和沿海水域退化的主要原因。农户生产行为和农业实践亟须向绿色环保方向转变。《中国农业支持政策绿色转型与创设》主要关注支持农业绿色发展及环境保护的农业支持政策。国际上，尤其是发达国家，对农户在农业生产中绿色生产行为的补贴和激励已经成为国家农业支持政策的重要组成部分，并以农业环境计划的形式与农户签订保护与补贴合同。我国农业支持政策体系对农户农业生产中绿色生产行为的支持激励机制尚不完善，而且缺乏农田生产层面的强制执行措施，农业支持政策亟待绿色转型。

尽管从中央到地方各级政府都为绿色农业技术的推广付出了巨大努力，但在确保农户可持续性采纳方面仍然存在很大问题。其成因如下：一是农业家庭经营占主导地位，大国小农的基本国情农情将长期存在，剩余劳动力老龄化以及小农户本身文化素质普遍偏低、对新型技术的接纳滞后、生产行为自由约束性差，不利于绿色农业技术的采纳、运用和推广；二是自上而下的命令式推广单一技术或模式达不到环境综合保护的目的，且推广过程中没有考虑农户意愿和偏好；三是传统推广以实验或者试点的形式展开，加之模式固定、适配性低，一期项目结束后参与试点的村庄就不再被纳入试点范围，参与试点的农户因试点项目的结束而被动退出；四是将农业支持补贴与农业绿色生产和环境保护切实关联的政策机制缺失，农业支持补贴政策的指向性、精准性和实效性亟待提高。总体来看，中国在对农户农业生产中环境保护行为的支持和补贴方面尚处在探索阶段。

国际上农业环境政策的创设大多依赖于离散选择实验，众多学者强调离散选择实验尤其适合政策设计。本研究的创新性贡献主要体现在两点：第一，利用前沿性的离散选择理论探明农户对政策方案的选择偏好、异质性和受偿意愿，并开展农户参与式的政策方案创设，这是对农业环境政策制定的一次深入的实践探索；第二，给出兼具综合防控、激励、约束和灵活性的最佳政策方案，并将补贴标准核算与农户采纳绿色农业技术种类、数量及要求直接挂钩，提高了农业支持补贴政策的指向性、精准性和实效性。

总之，本研究通过离散选择实验模拟农户真实政策采纳情景，实地一对一调研获取调查数据，对江苏稻作区、黑龙江和宁夏稻作区以及全国整体情况做了深入的案例分析，并基于计量分析结果创设出区域适用性的最佳政策方案。这是农户参与式政策方案创设的一次有益的实践，为农业绿色发展和农户生产行为管理提供有力的科学支撑，为农业政策创设提供宝贵经验和新的路径支持，是国内农业政策绿色转型的一次深入探索和创新。

该研究得到中国农业科学院科技创新工程（ASTIP）、山东省农业科学院农业科技创新工程（CXGC2024D14、CXGC2024B12）、山东省乡村振兴研究课题（SDXCZX202405-01）、国家盐碱地综合利用技术创新中心"揭榜挂帅"项目（GYJ2023003）、济南市农业双碳技术重点实验室等项目的资助。全书分为上下两篇，共计九章。上篇讲述农业面源污染现状、国内外农业支持政策及创设理论，下篇基于实地调研数据给出国内农业支持政策的创设案例分析。

上篇为第1章至第4章，主要介绍农业支持政策及其创设理论。具体来说：第1章绪论主要介绍了我国农业面源污染现状、治理情况，相关的农业环境保护政策及其研究，本研究目的及意义、主要内容以及研究方法和创新点；第2章为文献综述部分，首先讲述了支持农业绿色生产和环境保护的农业支持政策，主要内容包括欧美农业支持政策、中国农业支持政策、欧美农业支持政策借鉴以及国内的相关实践。其次主要讲述了基于离散选择实验的农业支持政策创设研究，包括离散选择实验在农业环境政策设计上的应用以及国内外相关研究进展；第3章详述了本研究的理论基础，包括离散选择实验原理、基于离散选择实验的政策转型理论、离散选择模型及其理论分析；第4章是本研究的实验设计、数据收集及处理部分。详细叙述了离散选择实验的设计过程及需要考虑的因素，研究区域选择及数据收集，离散选择数据的编码及处理方法，还展示了一些现场调研图片。

下篇为第 5 章至第 9 章，主要内容为基于实地调研数据的我国农业支持政策的创新性设计案例分析。第 5 章分析了以江苏为代表的南方稻作区的数据，第 6 章分析了以黑龙江、宁夏为代表的北方稻作区数据，采用混合 Logit 模型和潜在类别模型揭示各区域农户选择行为、偏好、影响因素、受偿意愿，并在计量分析基础上进行该区域最佳政策方案的分析与创设。第 7 章将全国三区域的数据整合在一起，研究农户整体选择行为并与第 5 章和第 6 章的结果进行对比分析，最终给出全国情况下的最佳政策方案创设建议。第 8 章在前面研究发现的基础上，引入交互变量进一步揭示农户选择偏好异质性。第 9 章给出全文结论与政策建议，为农业绿色发展和农户生产行为管理提供有力的科学支撑，为农业政策创设提供宝贵经验和新的路径支持。本书的相关研究是国内农业政策绿色转型的一次深入探索和创新。

目　录

上篇　农业支持政策及其创设理论

第 1 章　绪　论 (3)
　1.1　农业面源污染现状 (3)
　1.2　农业面源污染治理 (6)
　1.3　农业环境保护政策及其研究 (10)
　1.4　研究目的及意义 (14)
　1.5　研究内容 (18)
　1.6　研究方法与创新点 (21)

第 2 章　农业支持政策及其研究 (23)
　2.1　国内外农业支持政策 (23)
　2.2　农业支持政策设计研究 (36)

第 3 章　离散选择理论与政策创设原理 (42)
　3.1　离散选择实验原理 (42)
　3.2　基于离散选择实验的政策转型理论 (44)
　3.3　离散选择模型及其理论分析 (45)

第 4 章　实验设计、数据收集及处理 (51)
　4.1　离散选择实验核心模块设计 (51)
　4.2　问卷整体设计 (55)
　4.3　研究区域选择及数据收集处理 (56)

4.4 现场调研情况……………………………………………………（60）

下篇　农业支持政策创设案例分析

第 5 章　江苏稻作区案例分析………………………………………（65）
　5.1　描述性统计……………………………………………………（65）
　5.2　混合 Logit 模型………………………………………………（65）
　5.3　潜在类别模型…………………………………………………（69）
　5.4　受偿意愿………………………………………………………（71）
　5.5　讨论……………………………………………………………（73）
　5.6　最佳 AES 方案创设…………………………………………（76）
　5.7　小结……………………………………………………………（78）

第 6 章　黑龙江、宁夏稻作区案例分析……………………………（80）
　6.1　数据来源、变量及描述………………………………………（80）
　6.2　农户选择偏好及异质性检验…………………………………（82）
　6.3　农户偏好异质性及其规律……………………………………（84）
　6.4　基于偏好异质性的农户受偿意愿计算………………………（88）
　6.5　最佳 AES 方案创设…………………………………………（90）
　6.6　小结……………………………………………………………（92）

第 7 章　全国整体情况分析及区域对比……………………………（94）
　7.1　描述性统计……………………………………………………（94）
　7.2　潜在类别模型…………………………………………………（96）
　7.3　受偿意愿………………………………………………………（98）
　7.4　讨论……………………………………………………………（101）
　7.5　最佳 AES 方案创设…………………………………………（103）
　7.6　小结……………………………………………………………（105）

第 8 章　农户选择偏好异质性来源分析……………………………（107）
　8.1　农户自身特征…………………………………………………（107）

8.2 家庭情况对农户参与的影响 …………………………………（109）
8.3 耕地及养殖情况对农户参与的影响 …………………………（110）
8.4 以往经历及环保态度对农户参与的影响 ……………………（111）
8.5 讨论 ……………………………………………………………（112）
8.6 小结 ……………………………………………………………（114）

第9章 结论与政策建议 ………………………………………（116）
9.1 结论 ……………………………………………………………（116）
9.2 政策建议 ………………………………………………………（119）

参考文献 …………………………………………………………（122）

上篇

农业支持政策及其创设理论

第 1 章 绪 论

1.1 农业面源污染现状

根据污染物的来源和进入环境的途径，污染通常分为点源污染和面源污染。点源污染是指有固定排放点的污染源，比如工业废水及城市生活污水，由排放口集中汇入江河湖泊等水体造成的污染。面源污染是相对点源污染而言，指溶解的和固体的污染物从非特定的地点，在降水（或融雪）冲刷作用下，通过径流过程而汇入受纳水体（包括河流、湖泊、水库和海湾等）并引起水体的富营养化或其他形式的污染。由此可见，点源污染具有固定的污染物排放点，而面源污染具有较大的随机性和广泛性。农业面源污染是指农业生产过程中使用的化肥、农药和畜禽粪便进入水体或大气引起的污染，广义上还包括农村废水、垃圾、地膜和秸秆焚烧等（杨世琦，2022）。迄今用于污染管理的政策措施主要集中在点源污染的防治，目前点源污染已经基本得到了控制（OECD，2017）。当下，农业面源污染已经成为水体污染的重要原因，是当前全球面临的主要环境问题之一，也是环境研究领域的热点和难点。在大多数高收入国家和许多新兴经济体，农业生产带来的面源污染已经超过了工业污染和生活污染，成为内陆和沿海水质退化的主要原因（张爱平 等，2010；郑灿 等，2018；Provolo et al.，2016；Mateo-Sagasta et al.，2017；Oecd，2017；Evans et al.，2019），尤其以亚洲最为严重（OECD，2017）。

中国作为世界上人口最多的国家，为满足人们对基本口粮的刚性需求，受高投入必将高产出习惯思维的影响，农业生产上农户过量施用化肥农药等化学投入品不可避免。1998—2015 年，中国化肥施用强度连年增长，从 262.4 千克/公顷上升至 362.4 千克/公顷，超过发达国家公认的 225 千克/公顷的环境安全上限（左喆瑜和付志虎，2021）。中国 2020 年化肥使用量是世界平均水平的 2.62 倍（The World Bank，2020），2019 年农药使用量占全球农药使用总量的 42.55%（Faostat，2019），是世界上最大的化肥和农药使用国，农业面源污染形势更加严峻。直接的后果是施入农田多余的肥料和大量农药流向地表水，或向下渗透污染地下水（Mateo-Sagasta et al.，2013），加剧农业面源污染，让防控治理面临巨大挑战（武淑霞 等，2018）。因此，农户生产行为和农业实践亟须改变（Provolo et al.，2016；Wang et al.，2019），推动农业绿色发展势在必行。

我国农业面源污染具有以下显著特点。

（1）分散性、随机性和不确定性。污染来源的分散性、复杂性以及溯源的困难性，且污染物易于迁移和发散。城市人口和产业分布较为集中，而我国农村地区面积广阔，农户居住相对分散，农业生产面积广泛，这就导致我国农村地区的污染源呈分散、密集的点状分布，大量的污染点汇集成了农村污染网络和污染面源。此外，化学品污染和畜禽养殖废弃物易于随降水不断蔓延扩散，进一步形成了农业面源污染易于迁移和发散的特点。

（2）面源污染不易监测。农业面源污染在时间和空间上都呈现高度分散性，也就意味着农业面源污染范围广、浓度低、异质性和随机性，不利于专业设备监测。与此同时，由于农业面源污染易于随水土迁移和发散，这也进一步增加了其监测难度。整体而言，农业面源污染来源广泛且复杂，排放时间和空间具有较大的不确定性和随机性，不易被监测和发现，这可能会降低对其重视和关注程度，为重大生态环境污染问题埋下危机的种子。

（3）污染危害易于潜伏，短期不易察觉。点源污染是大量污染集中排放，导致其环境危害在短时间内集中大量爆发，易于引起人们警觉。前文可见，农业面源污染则是大量污染在广阔区域内分散排放，从短期来看不易察觉，但经过长期积累后，其危害便集中显现。而一旦其危害性暴发就会对区域生态系统造成不可逆的破坏和影响。

（4）面源污染难治理，成本高，见效慢。与点源污染不同，农村面源污染物一般是 COD（化学需氧量）、TN（总氮）和 TP（总磷），污染物具有量大和低浓度的特征。排放后大部分污染物在进入水体后浓度相对较低，污染物来源较多且分散，这就造成治理难度大，传统的脱氮除磷工艺去除效率较低且成本高、见效慢的问题。有效去除低浓度的面源污染物是当前面临的一大难题。

（5）面源污染分布范围广，地区差异明显。污染物以水为载体，其产流、汇流特征具备较大的空间异质性，广阔的农村和农业生产区域都是潜在的农业面源污染发生地。整体来看我国农业污染源分布范围广，往往跨越行政区域，由于其易于迁移和发散的特点，客观上要求不同区域必须建立协同治理机制，这也增加了其治理难度。此外，就污染源而言，由于地理气候、经济发展等的差异，我国农业面源污染也呈现出显著的地区差异。我国南方经济发达，对畜禽肉蛋需求量大，因此，南方农业面源污染主要以畜禽养殖污染为主。中东部地区土地平坦，是我国主要粮食产区，因此农用化学物质污染较为严重。而我国西部地区是典型的温带大陆性气候，农业生产往往需要地膜保证温度，因此我国西部地区的农业面源污染主要以白色污染为主（杨林章 等，2013；翟紫剑 等，2021）。

农业面源污染会对自然生态环境产生多种负面影响，主要包括以下方面。

（1）污染土壤。化肥农药的过量使用会对土壤产生多种危害。首先，化肥的过量使用会导致氮、磷、钾等物质在土壤中大量积累，使得土壤养分结构改变、土壤肥力下降。其次，长期过量施用氮肥，还会造成钙、镁等元素流失，加速土壤酸化，最终导致土壤丧失生产力。最后，长期过量施用农药化肥，会导致土壤中的重金属和致病菌富集，而这些有害物质最终也会通过食物链传递进入人体，危害人类健康。

（2）污染水体，加速水体富营养化。目前农业面源污染已经成为我国水体污染的主要源头，是水体富营养化的主要原因。水体富营养化导致藻类等浮游生物大量繁殖，引发赤潮等灾害，威胁鱼类、水生植物、底栖生物等的生存，破坏水生生态系统。除污染地表水外，农业面源污染也会入侵和污染地下水。相较于南方地区，我国北方地区降水较少，部分地区主要依赖地下水，过量地施用氮肥已经导致一些地区的地下水发生了硝酸盐污染。

（3）污染大气。目前我国农业生产中化肥农药施用方式主要是喷雾、喷粉、扬撒等，这种施用方式的损失率在70%以上。而这些损失的化肥农药等有害物质最终会不断积累，污染大气。

（4）降低农产品品质。以上问题均会带来农产品品质的降低，甚至威胁人类健康。此外，为提升农产品产量，不少农户在实际种植过程中往往会偏施某单一肥料，从而导致农作物部分营养成分合成转化受阻，营养失调，最终导致农产品品质下降（翟紫剑 等，2021）。

改革开放以来，我国农业经济快速发展，农产品数量、质量都有了较大提升。但农业面源污染问题日趋严重，在一定程度上制约了我国农业经济绿色发展和转型升级。较长的一段时间内，我国农业发展是以牺牲生态环境为代价的。农业绿色发展流于形式，农业生产过度依赖化肥、农药等生产要素的投入，农业面源污染问题未能得到根本解决。为此，有效解决农业面源污染问题，是推动农业绿色发展的必然要求（石凯含和尚杰，2021）。

1.2 农业面源污染治理

国外农业面源污染主要通过广泛推行的农田最佳养分管理计划，调查流域保护区域内农田施肥时期、施肥种类、施肥量、施肥方式等，提出科学管理措施与规定，控制农业面源污染的源头（王一格 等，2021）。美国在农业面源污染防控主要包括基于技术的最佳管理实践、日排放总量控制两个方面。20世纪80年代开始，美国政府提倡农民自愿采用农田最佳养分管理、等高线条带种植等环境友好的替代技术，包括人工湿地等工程措施和免耕少耕法等非工程措施。此外，他们在农业生产管理技术和工程治理技术等方面不断创新，产生了耕作管理、养分管理、农药管理、灌溉水管理、畜禽养殖管理等一系列措施。这些措施对耕作技术作了详细的要求，对作物施肥的种类、数量等进行综合管理，以减少农药施用量。同时，鼓励采用非化学性农药，并指导杀虫剂、除草剂、灭鼠剂和杀菌剂的正确使用（胡光伟 等，2022）。欧盟 AES 主要通过共同农业政策（Common Agricultural Policy，CAP），水框架指令（Water Framework Directive，WFD）和《硝酸盐指令》（Nitrates Directive）（Provolo et al.，2016）共同作用于农业面源污染的防控与治理。一些欧洲国家通过制定畜禽养殖场农田最低配置，要求畜禽养殖场产生的粪便必须与周边可蓄纳畜禽粪便的农田面积相匹配，并且对畜禽养殖场污水处理池容量、密封性等方面进行严格规定以控制农业面源污染。总体来说，国际范围内仍然缺少广泛通用的农业面源污染控制技术，而原则上都更加强调农业面源污染的源头控制和因地制宜的污染治理（王一格 等，2021）。

国内农业面源污染的治理，主要基于杨林章等提出的面源污染治理的"4R"理论与技术，即源头减量（Reduce）、过程阻断（Retain）、养分再利用（Reuse）和生态修复（Restore）技术。源头减量（Reduce）技术，即通过农村生产、生活方式的改变来实现农业面源污染产生量的最小化。针对高度集约化的农田，可根据作物高产养分需求规律以及土壤供肥特征等进行肥料优化管理，采用新型缓控释肥或新的按需施肥技术，提高肥料利用率，减少化肥用量；也可通过种植制度等的调整如改稻—麦轮作为稻—绿肥轮作、稻—蚕豆轮作或稻—休闲来减少化肥投入量；也可通过施用肥料增效剂、土壤改良剂等增加土壤对养分的固持，进而从源头上减少养分流失。过程阻断（Retain）技术，过程阻断技术指在污染物向水体的迁移过程中，通过一些物理的、生物的以及工程的方法等对污染物进行拦截阻断和强化净化，延长其在陆域的停留时间，最大化减少其进入水体的污染物量。目前，常用的技术有两大类：一类是农田内部的拦截，如稻田生态田埂技术（通过适当增加排水口高度、田埂上种植一些植物等阻断径流）、生物篱技术、生态拦截缓冲带技术、设施菜地增设填闲作物技术（夏天蔬菜揭棚期种植甜玉米等填闲作物对残留在土壤中的多余养分进行回收利用，阻断其渗漏和径流）、桃园生草技术（果树下种植三叶草等减少地表径流量）。另一大类是污染物离开农田后的拦截阻断技术，包括生态拦截沟渠技术、人工湿地塘技术、生态丁型潜坝技术、生态护岸边坡技术、土地处理系统等。循环利用（Reuse）技术，循环利用技术即将污染物中包含的氮磷等养分资源进行循环利用，达到节约资源、减少污染、增加经济效益的目的。对达标排放的农村生活污水、尾水以及河道低污染水，可回灌农田尤其是稻田，通过植物的吸收以及土壤等的吸附固持，实现低污染水中氮磷养分的再利用，不仅能控制污染，又能减少化肥投入，实现生产和环境的双赢。生态修复（Restore）技术，生态修复是农村面源污染治理的最后关卡，也是农村面源污染控制的最后一道屏障。狭义来讲，主要是指对水体生态系统的修复，通过一些生态工程修复措施，恢复水体生态系统的结构和功能，包括岸带和护坡的植被、濒水带湿地系统的构建、水体浮游动物及水生动物等群落的重建等，从而实现水体生态系统自我修复能力和自我净化能力的强化，最终实现水体由损伤状态向健康稳定状态转化。目前常用的技术有河岸带滨水湿地恢复技术、生态浮床技术、水产养殖污水的沉水植物和生态浮床组合净化技术等。针对农村河道的低污染水体，以水稻作为浮床植物，采用水稻组合生态浮床修复水体技术（杨林章 等，2013）。水生高等植物在处理农田面源污染物时有较强的吸附净化能力，因此，通常在流域主要出口建立人工湿地系统。由于建设人工湿地与景观绿地规模大、成本较高，常被应用于大规模的面源污染治理工程（王一格 等，2021）。

通过上述研究可见，近 20 年来，我国已初步形成了"减源—控污—截留—修复"的农业面源污染控制思路（章明奎，2015），但以源头减量为主，结合过程阻控与末端循环修复治理（武淑霞 等，2018）。本研究主要关注种植业面源污染防控的各种绿色农业技术（Green Agricultural Technologies, GATs），站在农户视角，从农田生产层面可利用且易于实施的角度出发，涵盖"减源—控污—截留"不同阶段的技术，形成从农药化肥源头减量到拦截农田养分或污染物进入外部环境的综合防控措施。

在农业生产实践中，不同学者因其研究目标、对象和范围不同，对具体 GATs 的归纳各异。章明奎（2015）总结认为 GATs 主要包括源头化肥减量、有机无机平衡施肥、科学灌溉、生态农业技术及水土保持耕作技术等，外部对污染物的截留技术包括前置库、人工塘、植被缓冲带、生态田埂和生态沟渠等技术，修复治理主要是采用人工湿地复合系统对污染物的拦截净化。张灿强等

（2016）考察了 355 户来自湖北、湖南、山东和河南四省的种植农户对 GATs 的采用情况，主要涉及使用配方肥、缓（控）释肥、畜禽粪便还田、秸秆还田、秸秆做饲料、种养结合、沼气技术、绿肥轮作技术、耕地深翻深耕、使用低毒低残留农药等。武淑霞等（2018）则指出目前的农业面源污染防治技术主要是肥料高效施用技术、测土配方施肥技术、有机肥与无机肥平衡施用技术、保护性耕作技术、缓冲带技术、生态拦截技术等。张新月等（2019）从源头和过程削减污染角度，针对辽河流域农田面源污染防控治理提出科学施肥、合理用药、畜禽养殖粪污处理、缓冲带、生态沟渠以及生态塘技术等 GATs。总体而言，测土配方施肥技术、保护性耕作技术、有机无机搭配施肥技术、病虫害生物物理综合防治技术和生态沟渠或生态缓冲带技术是国内外专家、学者所公认和推崇的重要的 GATs（陈新平 等，2006；唐太平 等，2018）。近 5 年，一个由日本引进的侧条施肥技术在宁夏、江苏、安徽、辽宁和黑龙江得到大面积示范推广（刘汝亮 等，2019；人民网，2017），受到全国农技推广中心的重视，也被纳入 GATs 目录清单之中，在全国各地得到有序全面推广。

绿色发展是中国农业和农村经济发展的基本目标之一，全面推广和应用 GATs 是实现农业绿色发展最直接有效的途径和关键所在（Benyehoshua，2005；Fu et al.，2013；Rao et al.，2012），是控制农田面源污染和建立可持续健康农业生态系统的最直接、最有效的方法（Benyehoshua，2005）。中国政府和研究人员一直在努力推广各种 GATs，农户是否参与和采用 GATs 直接关系到农业可持续发展进程，影响到农业绿色高质量发展（向东梅，2011；杨玉苹 等，2019）。

尽管各方付出了巨大的努力，但推广结果并不是特别令人满意。在我国大约有 25% 的科研成果能够真正得到推广并发挥作用，而欧美等国家在农业技术方面的推广率高达 75%（陈琼，2017）。全国一般技术的扩散速率为 1.12%，而农业技术扩散速率仅为 0.23%（宋德军 等，2007）。张灿强等（2016）通过对湖北、湖南、山东、河南四省 355 户农户采纳生态友好型农业技术采用情况的分析表明，农户能够感知农业环境质量在变差，对 GATs 总体上具有认同感，但采用率并不高；15 项技术中，绿肥轮作技术的平均采用率最低为 6.8%，配方肥、缓（控）释肥技术平均采用率也仅分别为 23.4% 和 21.4%，实施秸秆综合利用的农户占 34.1%，采取生物防治措施的农户比重仅占 14.1%。章明奎（2015）的研究强调，我国农业面源污染的防控治理离不开广大农户的高度参与，研发区域适宜、操作简便、成本低廉、实用性强且受农户欢迎的 GATs 是农业面源污染控制的关键，而破解 GATs 成果推广到千家万户、落实到广袤大田瓶颈问题更是关键中的关键。杨玉苹等（2019）建议将政策约束和政策激励相结合落实于农业生态转型或农业绿色发展实践中，AES 应运而生它可激励农户在农业生产中采用有利于环境保护的措施（Taylor et al.，2015），实现生产和生态的协调与可持续发展。国际上，AES 长期以来的关注点也是如何最大程度地减少农业面源污染对环境的危害，并保护景观和野生动植物栖息地（Taylor et al.，2015）。用适当的激励措施鼓励农户自愿实施改善环境的行动，以补偿农户利用私人资源和生产要素为社会提供公共产品和服务（Provolo et al.，2016），如减少化肥农药的流失、降低土壤侵蚀、保护生物多样性以及增加其他正外部性。这正成为国际推动农业绿色发展比较推崇的做法，符合 WTO（世界贸易组织）绿箱政策要求，值得在我国农业绿色发展中探索和实践。

1.3　农业环境保护政策及其研究

为应对农业面源污染问题，以农业环境计划（Agri-environmental schemes，AES）的形式，推广绿色农业技术（GATs）已成为世界各国的普遍做法（Provolo et al.，2016）。国际上，许多国家正在利用 AES 来管理和约束农户的农业生产行为。AES 长期以来的关注点是如何最大程度地减少农业面源污染对环境的危害，并保护生物多样性、景观和野生动植物栖息地等（Taylor et al.，2015）。为了使农户自愿实施改善环境的行动所带来的环境保护水平超出强制性要求所产生的环境保护水平，有必要提供适当的激励措施，以补偿农户利用私人资源和生产要素来提供整个社会感兴趣的产品和服务（Provolo et al.，

2016），如减少化肥农药的流失、降低土壤侵蚀、保护生物多样性以及增加其他正外部性。AES 将 GATs 和补偿金等要求结合在一起，形成让农户能直观感受到付出与回报的多样化环保合同或方案，以与农户签订合同的形式，激励农户使用绿色环保的生产方式（Taylor et al.，2015）。这种对农户农业生产中环境保护行为的支持，是发达国家农业政策的重要组成部分之一，已经成为政府推广绿色农业技术、支持农业绿色生产、扭转农业环境质量下降趋势的核心政策工具（Ruto et al.，2009；Pavlis et al.，2016）。

农户是否愿意参与 AES 决定了政策实施的质量，虽然有一定的激励措施，但是 AES 的参与率仍然很低，尤其是小农户（Ducos et al.，2009）。因为环境政策要求小农用自己的资源保护环境普惠公众，超出了小农的能力。在一些政府官员和学者看来，小农户农业生产经营规模过小，农业收入过低，遵守此类环境规定的代价比较大，应予以豁免（Futemma，2013）。为此，欧盟在 AES 中制定了专门针对中小型农场额外的可选计划，即小农户计划（Small farmers scheme），免除了小农户们参与农业绿色生产的义务，且交叉合规（Cross Compliance）制裁不适用于他们（European Commission，2019）。但是发展中国家如何应对呢？发展中国家的农户生产规模远小于发达国家，而且小农占绝大多数。略过小农户的 AES 从来不是解决农业环境问题的最佳方法，特别是在发展中国家，仅针对大规模农户的 AES 几乎无法解决问题。

中国是世界第二大经济体，也是一个农业大国，农业生产恰恰集中在分散的超小规模农户身上（徐晓鹏，2016；Wang et al.，2018）。小农数量占到农业经营主体 98%以上，户均经营规模仅 7.8 亩（0.52 公顷），小农户经营耕地面积占全国总耕地面积的 70%（2019 年数据），且面源污染贡献大于规模种植户（耿飙 等，2018）。中国面临更为严峻的农田面源污染形势，又缺乏国家层面为农民专门设计、符合农户偏好的能与面源污染奖惩政策关联的方案（张维理 等，2020）以及农田生产层面的监管和强制执行措施（Smith et al.，2017）。我们在 AES 创设、研究、制定和推行方面还有很长的一段路要走。2016 年末，国家接连印发《"十三五"生态环境保护规划》《关于创新体制机制推进农业绿色发展的意见》《建立以绿色生态为导向的农业补贴制度改革方案》，要实现生态文明领域改革，必须把生态环境保护纳入本地国民经济和社会发展规划。建立农业补贴政策体系和激励约束机制，突出绿色生态导向，增量资金重点向资源节约型、环境友好型农业倾斜。中国政府和研究人员一直在努力推广各种GATs（徐晓鹏，2016），在实施这些技术期间还将提供财政补贴和技术培训。尽管付出了巨大的努力，但推广结果并不总是令人满意（邓正华，2013；刘兆香 等，2019；祁立新，2020；徐晓鹏，2016）。由于绝大多数农户受教育程度低、环保观念弱、厌恶风险、恪守习惯的生产方式，技术本身操作难易程度参差不齐，地域适宜性不好，技术推广过程中服务管理配套政策不到位等多方面的原因（刘兆香 等，2019），GATs在实践中的推广普及率并不高，农民接受程度还较低，形成上热下冷现象（唐文周，2008；祁立新，2020）。如何破解GATs成果推广到千家万户、落实到广袤大田的瓶颈问题是研究的关键。GATs的全面推广应用是缓解农业面源污染，实现农业或流域生态系统持续、健康运行最直接有效的途径和关键所在（Benyehoshua，2005；Fu et al.，2013；Rao et al.，2012）。

目前，中国农业政策在粮食直补和粮食价格支持方面较为完善，但在对农户农业生产中环境保护行为的支持和补贴方面尚处于探索阶段，还没有形成对农业面源污染、生态破坏等外部性问题的有效制约（Smith et al.，2017），中国农业政策亟待绿色转型。中国政府也致力于环保耕作方式，以减轻农田的扩散污染。面对农业面源污染的严重形式以及对AES的紧迫性需要，迫切需要设计适用于中国广泛的小农户AES。在AES方案中将一系列GATs组合在一起，用支付（补贴或补偿）合同促进GATs的采纳，以解决一个或多个环境目标（Chen et al.，2017；Smith et al.，2015）。

国际上通常利用离散选择实验（Discrete choice experiment，DCE）来开展AES方案的创设研究。该方法尤其适合应用于环境政策创设，揭示农户对绿色农业技术、实施要求和补贴等的选择偏好，并以农户偏好为参考创设AES方案（Wang et al.，2019）。这种农户参与式研究使得农户有主人翁意识并为自己的行为感到骄傲，也使其有更大的可能性长期参与到AES方案中，从而带来更好的环境保护效果（Emery and Franks，2012）。良好的AES设计越来越多的依靠DCE方法的支撑，它可以在复杂背景下提供一系列基于环境属性和个人特征的价值衡量（Hasund et al., 2011）。众多国外学者认为DCE尤其适合政策设计，可为政策制定者提供有用的信息（Colen et al., 2015；Colombo et al., 2006；Wang et al., 2019）。过去二十年中，DCE不仅被广泛用于农户参与AES影响因素的研究（Beharry-Borg et al., 2013；Broch et al., 2012；Christensen et al., 2011；Espinosa-Goded et al., 2010；Greiner, 2016；Ruto et al., 2009；Tur-Cardona et al., 2018），而且相关研究结果在推动许多国家更好的设计AES来激励和约束农户生产行为方面也发挥着重要作用。有文献表明欧洲和美国越来越重视对农户提供环境服务进行补偿，所实施的AES合同期限通常为5~15年（Baylis et al., 2008；Broch et al., 2012；Claassen, 2003；Claassen et al., 2008；Latacz-Lohmann et al., 2003）。由于AES合同中所涵盖的GATs多样并且在按照合同要求实施这些技术后可以获得一定的补偿，农户可自由选择而非法定强制性遵从某一环境政策，这一特征大幅提升了农户的建设性合作和对环境保护的积极态度。因此，有学者提出，AES中所配套的补偿，实质是一种环境支付，它是政府支持农业环境保护的重要形式之一，是政府农业农村管理的核心政策工具（Latacz-Lohmann et al., 2003；Pavlis et al., 2016；Riley, 2016）。

然而，与发达国家的研究相比，迄今为止，国内研究中尚缺乏针对性的、使用DCE对发展中国家或贫困国家的小规模或自给自足农户AES设计的研究（Bennett et al., 2010；Birol et al., 2006；Durand-Morat et al., 2015）。Durand-Morat等（2015）强调，发达国家有经验的学者需要谨慎，不能将发展中国家与发达国家的情况相等同。发展中国家的DCE研究案例非常宝贵，它是一站式展现发展中国家环境问题研究中应考虑的理论和实践问题的最佳实践案例（Bennett et al., 2010）。毫无疑问，以小农经营为主的中国应当是研究发展中国家小农户采用AES的典型且很好的实例。AES政策的自愿性意味着农民参与的决定是实现政策目标的核心（Ruto et al., 2009），决定了政策实施的质量（章明奎，2015）。农户作为GATs的采纳主体，其参与意愿及对技术的选择在很大程度上影响AES项目的实施。农户对AES属性的选择及偏好信息是AES

设计的重要参考（Espinosa-Goded et al.，2010）。只有深入挖掘农户的选择意愿，才能解决 GATs 的落地问题，才能设计出能够提高 AES 参与率的政策方案（Peerlings et al.，2009）。

1.4 研究目的及意义

1.4.1 研究目的

本研究的目的是在中国严峻的农业面源污染形势下，借鉴国外经验，使用更前沿的实验设计手段和计量分析方法，将农户置于假设情景下，模拟和分析农户对 AES 方案的选择行为。在研究农户选择行为及异质性的基础上，促进更加有效的 AES 设计。本书的相关研究致力于回答以下问题。

第一，"农户对 GATs 的选择偏好与偏好强度"，即农户对众多 GATs 是否有不同偏好？偏好强度如何？事实证明，不能将所有认为可行的技术一股脑儿地推给农户。在英国，农户有很多种技术可以选择（Hodge et al.，2007）。不过，这种让农户面对多种技术选择时存在很大问题，一方面，如果有大量的技术可供农户选择的话，农户往往就会选择最简单、农业生产改变最少、投入最少的技术（Hodge et al.，2010），结果可能就达不到环境保护的要求；另一方面，众多不同的技术会影响农户的参与（Espinosa-Goded et al.，2010），即在农户那里不是所有的技术都适用，且不同的农户可能偏好不同的技术。Barreiro-Hurlé 等（2010）还指出，当让农户在农业生产中做出较大改变时，技术因素是首要的影响农户参与的原因。因此，在 AES 设计中，研究农户对技术的选择及态度就变得尤为重要。

第二，验证及明确 "选择偏好影响因素及受偿意愿（Willingness to accept，WTA）"，即哪些因素会影响农户采纳 GATs 以及参与 AES，补贴额度是否会激励其参加以及受偿意愿如何。农户是否愿意采纳 AES 是受多种因素共同作用的结果，其中农户的态度和动机、农户和农场特征、实施 AES 的成本以及不同国家地区和区域均对农户的采纳有影响（Ahnström et al.，2009；Atari et al.，2009；Ducos et al.，2009；Gatto et al.，2019；Knowler et al.，

2007；Marenya et al.，2007）。Herzele 等（2013）也指出补贴是农户参与的重要驱动力，尤其是当让农户采纳较为复杂的 GATs 的时候。此外，一些研究学者还指出，有效的 AES 中补偿金不仅应该包括采用 GATs 的成本，还需要提供更高的补贴来激励农户采用技术，以补偿价值溢价和不确定性（Isik，2004；Christensen et al.，2011）。当补贴额度不足以覆盖 AES 实施费用时，会降低农户参与的可能性，尤其对小农户来说（Atari et al.，2009）。

第三，验证并回答"偏好异质性及异质性来源"，即验证农户以上的选择行为是否存在异质性，回答异质性的来源是什么。区域是否会对农户选择偏好造成影响？不同类别特征的农户对 GATs 的偏好是否相同？这些技术跟农户社会经济变量是如何相互影响的？相应的模型可以验证农户偏好异质性的存在。后续模型引入交互变量进一步揭示农户的偏好异质性来源，以期给出这些技术放入 AES 合同是如何具体影响社会经济特征的农户加入 AES 的。

第四，如何设计 AES 方案才能最大程度降低各类农户反对意见，激励更多的农户参与？根据计量分析结果，研究哪种技术放进 AES 合同中会最大限度地迎合各类农户偏好，最大程度地提高农户 AES 参与率。鉴于对农户选择偏好及异质性的充分了解，来设计 AES 以吸引绝大多数农户参与。最佳 AES 方案在创设与农户选择上有很大的灵活性，这是促进农户参与 AES 方案的关键因素。灵活性的设计不仅可以最大限度地提高农户参与率，激励农户采纳更多种类的绿色农业技术，而且还能将农户采纳技术种类、数量及要求与补贴额度直接挂钩。最终，通过签约形式实现对农户所选 AES 方案的督导约束，并保证绿色农业技术应用的可持续性。

1.4.2 研究意义

第一，研究的理论意义。

陈述偏好法的主要研究手段有条件价值评估法（Contingent Valuation Method，CVM）和离散选择实验（DCE）等。CVM 是 1990 年代评估非市场环境物品的主要方法，通常涉及单个二元选择或高度自由的无限制问题，存在极大的不确定性是由来已久的事实。DCE 远远比通用的 CVM 优越，并且在经济学上具有更强大的理论基础。CVM 要求受访者直接回答是否愿意采纳某技术，或者开放式地询问是否愿意按照一定支付/接受水平采纳一个项目或者技术。而 DCE 则是对项目实施方案（选择集合即 AES 方案合同）的选择，展现给受访者不同方案，其中方案的属性和水平用来描述 AES 所涉及的政策，实验中要求受访者选择最喜欢的方案。DCE 被认为比 CVM 更好地反映了许多现实世界决策过程的本质，它可以提供更为灵活的、更加稳健的受访者在属性水平与方案之间复杂权衡的决策结果。在环境经济学中，通常使用 DCE 而非 CVM 来分析公民关于环境物品某些属性和个人特征的价值衡量。离散选择模型（Discrete choice models，DCMs）则用来分析这种离散选择数据，得到农户在对整个假想方案选择下的，对方案里设置的每个选项的偏好及受偿意愿。国外众多研究学者强调 DCE 尤其适合政策设计，可以得到具有更理想特征组合的政策结果，为政策制定者提供有用的信息。

DCE 在农户选择基础上，通过模型识别并定量评估农户对拟制定 AES 方案内容的事前偏好，分析影响农户选择的各种属性及其水平的相对重要性（Mamine et al.，2020），进而可以用农户的选择偏好、异质性及受偿意愿来指导最佳 AES 方案的创设。离散选择实验方法实现了农户在政策制定中的事前参与，使得 AES 方案能符合绝大多数农户的要求，最大限度地提高农户参与率，促进更加高效的农业环境政策的制定（Emery and Franks，2012）。

尽管国外对 AES 设计有广泛的研究，但中国只有可数的文献利用 DCE 研究农业环境保护。对此类研究进行综述发现，几乎所有文章都是在农户支付意愿（Willingness to pay，WTP）的基础上来估算耕地资源的非市场价值，而且大多数研究仍然用多项 Logit 模型（Multinomial logit model，MNL）。不过，国际上认为 MNL 是一种简化的非行为模型，有很大的局限性。迄今为止，尚没有利用 DCE 围绕实现农业环境质量改善和耕地价值提升的具体技术进行 AES 设计研究。现有研究存在以下不足：一是国内以离散选择实验为工具的 AES 方案创设研究欠缺，而且对离散选择实验的实验设计、数据结构及离散选择模型实操知识的理解不足；二是国内外关注单一绿色农业技术或单一环境目标的文献居多，但缺失从面源污染综合防控角度的探讨。为此，本研究基于离散选择实验方法，分析农户对绿色农业技术、技术指导与培训以及补贴额度的选择偏好、异质性和受偿意愿，并基于此创设最佳 AES 方案。本研究则详细阐述了 DCE 的理论基础、模型理论及演进、实验设计过程及模型分析，为在中国开展相关研究提供了详细的参考和宝贵经验，具有重大的理论意义。

第二，研究的现实意义。

环境友好型农业是我国农业绿色发展大力倡导的农业经营模式，区域适宜、可复制、轻简化、易操作的 GATs 能全面应用到广袤大田是促进我国农业绿色发展的关键。长期以来农业主管部门自上而下命令式的技术推广方式和单一欠灵活的补贴支持政策阻碍了农民主体的积极采纳行为，造成众多已列入农业部主推清单的 GATs 表现出高推广率（培训率）而实际的低采纳率，形成上热下冷现象，未能真正实现预期的推广效果和推广目标。如何设计 AES 以破解 GATs 成果推广到千家万户、落实到广袤大田的瓶颈，非常值得深入细致的研究。

欧盟的 AES 可以借鉴但是不能照搬，因为他们有专门的小农户计划，来对小农户的绿色义务进行豁免。而中国虽为农业大国，但是农业生产集中在超小农户身上。我国小农数量占到农业经营主体 98% 以上，户均经营规模仅 7.8 亩，小农户经营耕地面积占全国总耕地面积的 70%。略过小农户的 AES 从来不是解决农业环境问题的最佳方法。特别是在发展中国家，仅针对大规模农户的 AES 几乎无法解决农业环境问题。所以要摸清中国农户的情况，设计符合我国国情的 AES。然而，与发达国家的文献相比，迄今为止，文献中尚缺乏针对性的，使用 DCE 对发展中国家或贫困国家的小规模或自给自足农户的研究。财政部、农业部联合印发《建立以绿色生态为导向的农业补贴制度改革方案》，旨在完善和改革现有的补贴政策，创新补贴方式方法，建立以绿色生态为导向的促进农业资源合理利用与生态环境保护的农业补贴政策体系和激励约束机制。这为我们开展 AES 研究指明了方向，该研究具有重要的现实意义。

本研究利用 DCE，以 GATs 为基础设计 AES 方案，研究农户在不同方案情景下对 GATs 的选择偏好和异质性。在此基础上设计更为有效的 AES 以激励和引导农户生产行为向更绿色的方向转变。为国内的 AES 设计提供了新的思路、方法、案例及建议，为政府提供了一种新的政策设计手段，也为其他发展中国家小农户 AES 创设需要考虑的因素提供了有价值的案例参考。

这种农户参与式的 AES 方案创设，可以解决如下现实问题：第一，可以实现绿色农业技术推广政策由自上而下命令式到自下而上自主式的转型；第二，绿色农业技术不再是以单一技术的形式推广，而是转变为以 AES 方案的形式推广；第三，方案将补贴额度与农户所要实施的技术种类、数量和要求直接挂钩，能够实现农业支持补贴与农业绿色生产的切实关联，提高农业支持补贴政策的指向性、精准性和实效性。总之，AES 方案的创设是对政策设计理念的一种创新和探索，更是对农业政策绿色转型的重要理论贡献，具有重要的现实意义。

1.5 研究内容

本研究选择宁夏引黄灌区、松花江流域和太湖流域三个水稻主产区，利用 DCE 将 GATs、技术指导与培训和补贴激励措施整合在 AES 方案里，在实验中运用 DCE 模拟和分析农户对 AES 方案的真实选择行为，并在研究农户选择行为及异质性的基础上，提出适宜于区域或全国层面稻田绿色生产高效的 AES。

（1）离散选择理论研究

DCE 基于两个经济学理论：要素价值理论（Lancaster's characteristics theory of value）和随机效用理论（Random Utility Theory）。要素价值理论认为任何物品都可以被一组特征要素以及这些要素的不同水平来描述，且个体可以从这些要素中获得效用。随机效用理论认为人们的决策过程具有不确定性，受访者无论选择哪一个选项都可以获得一定的效用。但是，受访者总是选择在他看来总效用最大的那个备选项。DCE 旨在产生基于要素和水平的价值衡量，它允许将总效用分解为 AES 每个要素及其水平的部分效用。

本研究中"物品"是农户要选择的"备选项"即备选的假想"政策方案"；其"特征要素"即政策方案的"属性"（Attributes）也就是政策方案所包含的"技术及政策类别"；"水平"（Levels）即每个属性里所包含的具体内

容,本研究为具体的AETs、政策保障约束措施、政策激励措施;所有"属性"和"水平"经过部分析因设计(Fractional Factorial Design)得到备选的假想政策方案的集合,即"选择集合"(Choice sets)也叫"选择情景"(Choice scenario),供农户选择,模型据此深入研究农户选择行为。

(2) 不同区域离散选择实验设计研究

分区域进行实验设计研究,对目前在推广的、适合于农户使用的GATs进行梳理与总结,结合三区域具体情况,利用DCE设计生成每个区域的AES方案(合同)。合同包括不同种类的GATs、不同技术指导与培训方式以及相应的不同水平的补贴额度,不同区域基于区域实际稍微有所调整,但又保持整体实验的一致性。各区域层面,初步建立的全部AES方案,在经过两两比较分析研究,剔除某属性或水平因优势明显而削弱了平衡选择的方案后,保留的方案构成用于农户调研的AES方案,将不同AES方案呈现给农户,让其选择最偏好的方案。

①政策方案所包含的属性和水平的选择。如前所述,DCE旨在产生基于属性和水平的价值衡量,属性数量大多数集中在4~6个,平均为6个(De Bekker-Grob et al., 2012; Clark et al., 2014)。本研究拟选择6个方案属性。

②设计备选政策方案。将属性的水平正交整合起来设计备选方案。当属性个数大于3个时,一般采用部分析因设计(Fractional Factorial Design, FFD)来减少组合数目(Ferrini et al., 2007)。部分析因设计利用SPSS和Excel软件,在所有可能的组合中,产生32对组合。即32对成对存在的备选政策方案。去除成对政策方案中明显存在优势的政策方案后,最终的政策方案放入调研问卷。调研中,要求受访农户选择他们最喜欢的方案或选择退出,退出选项反映了方案参与的自愿性。

③问卷整体设计。完整的问卷主要包括以下五部分:问卷调研主题及目的介绍、问卷填写及相关信息隐私保护说明、对问卷备选政策方案部分的说明、备选政策方案部分、农户社会经济变量部分。最后,审查问卷问题排序是否合乎逻辑并易于理解。

(3) 不同区域农户选择偏好、异质性、影响因素、WTA 估计

将围绕南方稻区江苏调研样本数据和北方稻区宁夏与和黑龙江调研样本数据，利用 DCMs 分析得到各区农户在不同 AES 方案情境下，对不同种类的 GATs、不同技术指导与培训方式以及相应的不同水平的补贴额度的综合权衡结果。进而分区域研究分析①农户对 GATs 的选择偏好如何；②因为每个农户自身特点不同，农户对 GATs 的选择是否有不同的偏好（异质性）；③不同特征农户的异质性偏好是怎样的；④影响农户偏好选择不同 GATs 的因素；⑤计算农户对每种 GATs 的 WTA 估计值。

具体而言，就是利用 DCMs 中的混合 logit 模型（Mixed logit model, MXL）回答第①和第②个问题，研究农户 AES 选择行为、对 GATs 的选择偏好及强度，揭示农户对 GATs 的选择是否存在不同的偏好，即选择偏好异质性是否存在。然后利用 DCMs 中潜在类模型（Latent class model, LCM），进一步回答第③、第④和第⑤个问题，揭示自身特征不同的农户选择偏好异质性具体是如何的，并将受访农户按照其选择偏好及自身特征分类，结果将给出每类农户的技术选择偏好及个体特征以及哪类农户最有可能参与 AES 的信息，同时，给出农户社会经济变量对其选择偏好及参与率的影响。最后再利用 LCM 结果及 delta 方法计算每个类别的农户对于不同 GATs 的 WTA，较 CVM 估算得到的 WTA 更精确和细致。

(4) 全国整体样本估计及与区域结果比较分析

将三省调研样本合并形成全国样本数据，分析全国层面农户对 GATs 选择行为、偏好异质性、影响因素及 WTA，并与分区域的研究结果进行对比。以期发现差异，并分析区域差异的可能原因，探索产生这样结果可能存在的内在联系。

(5) 农户偏好异质性来源的深入探索

农户会出现不同的选择偏好跟农户自身特征有很大联系，为此，将不同 GATs（属性变量）跟农户社会经济变量进行交互，得到交互变量放入 MXL 模型，深入挖掘农户偏好异质性来源。分析这些技术放入 AES 合同是如何具体影响不同特征农户参与并签订 AES 合同的，即给出了哪种技术放进 AES 合同

里会最大限度的减少各类农户反对意见，最大程度的提高农户 AES 参与率。鉴于对农户选择偏好及异质性的充分了解，可以设计 AES 以吸引绝大多数农户参与。

(6) 最佳 AES 设计建议

根据每个区域的计量分析结果，本研究分别针对江苏稻作区，黑龙江、宁夏稻作区，全国情况创设出系统性的、兼具激励和约束性质的最佳 AES 方案。该方案包括必选部分、可选部分、培训要求、补贴额度及其他要求共五部分。最佳 AES 方案在创设与农户选择上有很大的灵活性，这是促进农户参与 AES 方案的关键因素。灵活性的设计不仅可以最大限度地提高农户参与率，激励农户采纳更多种类的绿色农业技术，而且还能将农户采纳技术种类、数量及要求与补贴额度直接挂钩。最终，通过签约形式实现对农户所选 AES 方案的督导约束，并保证绿色农业技术应用的可持续性。

1.6 研究方法与创新点

1.6.1 研究方法

本研究采用了理论分析与实证研究相结合的方法。理论分析方面，详细分析了 DCE 的理论基础、DCMs 理论及演进。在实证研究方面，采用 DCE 设计 AES（AES 方案）调研、统计分析和计量经济学模型分析的方式完成了三个区域的实证研究。

(1) 实验设计方法——离散选择实验（DCE）

在实验设计上运用国际前沿的 DCE 方法进行试验设计，生成了一系列整合 GATs 及补贴激励政策的政策选择集合（AES 方案）。根据 DCE 设计的理论、结合调研对象的特点采用实地考察和一对一面对面调研的方式

(2) 数据分析方法——最成熟的两种 DCMs，即混合 logit 模型（Mixed logit model, MXL）和潜在类别模型（Latent class model, LCM）。

尽管国外在 AES 制定领域有广泛的研究，但中国只有有限的文献利用

DCE 研究农业环境保护，且大多数研究仍然沿用多项 logit 模型（Multinomial logit model，MNL）。而国际上认为 MNL 是一种简化的非行为模型，有很大的局限性，因此，在本研究的理论基础 3.3 对 DCMs 的常用模型及演进作详细阐述后，选择国外分析离散选择数据应用更多、更加成熟且更少限制性的模型"混合 logit 模型（Mixed logit model，MXL）和潜在类别模型（Latent class model，LCM）"来进行我们的数据分析，模型结果可以指导政策设计，是政策设计的关键。

（3）WTA 计算方法——delta 方法

本研究是基于离散选择 LCM 模型结果，运用 delta 方法计算 WTA 估计值及其置信区间，详细的计算方法见 3.3。所得 WTA 结果较通常使用的 CVM 直接询问受访者意愿估算的结果更加准确，是根据农户的选择偏好行为来估算，而且针对每个技术都可以给出偏好强度及 WTA。

1.6.2 创新点

陈述偏好法逐渐从"直接或者开放式询问偏好及 WTP/WTA"（条件价值评估法 CVM）向着通过受访者对特定方案选择和回答来"间接估算出偏好、影响因素及 WTP/WTA"（离散选择实验 DCE）的方向演进。DCE 已经成为国际上环境政策设计以及环境物品评估的前沿与最优实践。本研究的创新有 3 点。

第一，国际上研究对象基本上是规模的农场，且 AES 也只针对规模农场，小农户免受政策约束。目前，缺乏对超小规模农户的关注及研究，该研究小农户采用 AES 的典型和良好的研究范例；

第二，利用前沿性的离散选择理论探明农户对 AES 方案的选择偏好、异质性和受偿意愿，并开展农户参与式的 AES 方案创设，这是对农业环境政策制定的一次有益的实践探索；

第三，给出兼具综合防控、激励、约束和灵活性的最佳 AES 方案，并将补贴标准核算与农户采纳绿色农业技术种类、数量及要求直接挂钩，以提高农业支持补贴政策的指向性、精准性和实效性。

第2章　农业支持政策及其研究

2.1　国内外农业支持政策

国际上，AES 是对农户绿色生产行为的引导、约束与激励，它主要基于 AES 来制定政府或者环保机构、组织与目标群体（农户）之间的环境保护方案协议。它将绿色农业实践和补偿金结合在一起，以激励农户在农业生产中采用环境保护措施（Taylor et al.，2015），促进更加环保和可持续的农业生产。在无数研究的基础上，许多国家已经实施了一些 AES 来控制农户的生产行为，并取得一些成功。这些方法需要在世界范围内进行复制、调整和大规模推广（OECD，2017）。因为环境保护的目标往往超出了通过遵守强制性立法所能期望农民带来的保护效果，有必要为农民利用自己的私人资源和生产要素提供环境公共产品和服务提供适当的激励措施（European Commission，2019）。欧洲和美国都越来越重视补偿农民提供环境服务的 AES（Baylis et al.，2008）。在过去 20 年里，与农民签订提供环境产品和服务的合同已成为欧盟环境政策的主要手段（Broch et al.，2012；Latacz-Lohmann et al.，2003）。美国为农户环境服务提供补贴的历史悠久，CRP 和 CREP 的合同期限通常为 10～15 年（UADA，2019）。

2.1.1　欧盟农业支持政策

欧盟近 50% 的领土被农田（耕地和永久性草地）所覆盖。因此，农业在土地管理中发挥着关键作用，在保护自然资源方面负有巨大责任。欧盟 AES

主要通过共同农业政策（Common Agricultural Policy，CAP），水框架指令（Water Framework Directive，WFD）和《硝酸盐指令》（Nitrates Directive）（Provolo et al.，2016）共同作用于农业面源污染防控与治理。CAP 于 1962 年颁布关注粮食、农业、环境、农村，是欧盟所有国家的共同政策。它不仅支持农业、农民、农村发展，提高农业生产力，确保粮食供应和稳定供应价格，保持农村经济活力，还帮助应对气候变化和自然资源的可持续管理，维护整个欧盟的农业环境和景观。鉴于农业土地利用与农村生态系统和环境之间的重要相互作用，CAP 越来越多地适应于整合环境问题，旨在防止环境退化和加强农业生态系统可持续性。CAP 通过"交叉遵守"（Cross Compliance）的原则将鼓励农业发展的财政支持与环境保护目标要求联系起来（Provolo et al.，2016）。

CAP 关注粮食、环境和农村。2021—2027 年，欧盟将向 CAP 拨款约 3 870 亿欧元。这来自两个不同的基金：欧洲农业保障基金（EAGF），设定为 2 911 亿欧元；以及欧洲农村发展农业基金（EAFRD），金额将达到 955 亿欧元。它旨在支持农民、提高农业生产力，确保稳定、合理的农产品供应价格；帮助农业应对气候变化和自然资源的可持续管理；维护整个欧盟农村地区的景观；通过促进农业、农业食品工业和相关部门的就业，保持农村经济的活力。CAP 的关键政策目标共有 10 个：确保农民获得公平的收入；提高农业竞争力；提高农民在食物链中的地位；气候变化行动；环境保护；保护景观和生物多样性；支持（农民）代际更新；充满活力的农村地区；保护食品和健康质量；培养知识和创新。10 个关键目标将成为未来 CAP 战略计划的基础，并将成为更注重结果的政策的基石。其中，气候变化行动的关键目标是为减缓和适应气候变化作出贡献，包括减少温室气体排放、加强碳封存以及促进可持续能源的应用和开发。环境保护行动的目标是进行高效的自然资源管理，促进水、土壤和空气等自然资源的可持续发展和有效管理，包括减少对化学品的依赖。保护景观和生物多样性目标旨在停止和扭转生物多样性丧失。农业活动在很大程度上依赖于各种种群的生物多样性，而农田生态系统在保护物种及其栖息地方面也发挥着重要作用。该行动有助于阻止和扭转生物多样性的丧失，加强生态系统服务，保护栖息地和景观。此外，CAP 的改革也在朝着更加绿色和可持续的方向发展。比如：CAP 对农民的补贴与一套更强有力的强制性要求挂钩。例如，每个农场至少有 3% 的耕地用于生物多样性和非生产要素，必须达到 7% 的耕地用于湿地和泥炭地保护，才有可能通过生态计划获得支持；至少要将 25% 的直接支付预算分配给生态计划，必须为气候和环境友好型农业做法和方法（如有机农业、农业生态学、碳农业等）以及改善动物福利提供更有力的激励；至少 35% 的资金用于支持气候、生物多样性、环境和动物福利的措施；在水果和蔬菜种植领域，业务方案将至少 15% 的支出用于环境；CAP 预算的 40% 必须与气候相关，并大力支持在欧盟多年期财政框架（MFF）结束前将 10% 的欧盟预算用于生物多样性目标的总体承诺（European Commission，2023a）。

并非所有的欧洲农民都选择参加 CAP，尽管如此，整个欧洲的所有农民都通过流域管理计划（River Basin Management Plans，RBMP）受 WFD 的管控。欧盟 WFD 制定规则以阻止欧盟水体状况恶化，并使欧洲的河流、湖泊和地下水保持良好状态。公民、自然和工业都需要健康的河流和湖泊、地下水和洗澡水。WFD 侧重减少和消除污染，并确保有足够的水在满足人类需求的同时支持野生动物。自 2000 年以来，WFD 一直是欧洲水资源保护的主要法律依据。它适用于内陆、过渡和沿海地表水以及地下水。它确保了水管理的综合方法，尊重整个生态系统的完整性，包括通过监管单个污染物和制定相应的监管标准。它以流域—地区方法为基础，以确保邻国共同管理它们共享的河流和其他水体。WFD 的主要目标是要求成员国利用其流域管理计划和措施方案来保护水体，并在必要时恢复水体，以达到良好状态，防止水质恶化。WFD 包含关于实现指令目标的截止日期的规定，以及关于豁免的规定。WFD 的附件详细说明了监测要求、水体状况评估标准和 RBMP 的内容等方面的细节。目前，WFD 在其附件中列出了成员国必须在地表水中监测的优先物质清单。成员国必须制定国家关注物质的环境质量标准，即特定河流流域的污染物标准。优先物质清单需要每 6 年审查一次，必要时予以更新。同样，《地下水指令》附件中欧盟范围内关注的污染物和标准清单也必须每 6 年审查一次（European Commission，2023b）。流域管理计划是实现 WFD 的关键工具。它们是在广泛征求公众意见后制定的，有效期为 6 年。RBMP 规定了一些农户要采用的农业管理实践，以尽量减少人类活动对地表水和地下水的影响（Provolo et al.，2016）。

对使用农药造成的日益严峻的健康和环境问题，欧盟于 2009 年采取了一系列措施，通常被称为"农药一揽子计划"（pesticides package）。在此一揽子计划中，《农药可持续利用指令》（Sustainable Use of Pesticides Directive）为促进农民采用低农药投入的虫害实践提供了行动框架（Lefebvre et al.，2015）。该指令的基础是"有害生物综合治理"计划（Integrated Pest Management，IPM）。随着有机农业的推广，所有从事有机农业生产的农户必须实施 IPM。IPM 必须由所有专业用户实施，旨在将杀虫剂和其他形式干预措施的使用保持在经济和生态合理的水平，并将对人类健康和环境存在的风险降至最低。可持续的生物、物理和其他非化学方法必须优先于化学方法，如果它们能提供令人满意的害虫控制。综合虫害管理意味着仔细考虑所有可用的植物保护方法，并随后整合适当的措施，以阻止有害生物种群的发展，并将植物保护产品和其他形式的干预措施的使用保持在经济和生态合理的水平，并减少或最大限度地减少对人类健康的风险以及环境。病虫害综合治理强调健康作物的生长，对农业生态系统的破坏最小，并鼓励建立自然的病虫害控制机制。关于农药的可持续使用，欧盟委员会通过了一项新的《植物保护产品可持续使用条例》提案，该提案于 2022 年 6 月 22 日通过，是减少欧盟粮食系统环境足迹的一揽子措施的重要组成部分，并有助于减轻我们已经因气候变化和生物多样性丧失而遭受的经济损失（European Commission，2023c）。欧盟层面具有法律约束力的目标是到 2030 年将化学农药的使用和风险以及更危险农药的使用降低 50%。成员国将在规定的参数范围内制定自己的国家减排目标，以确保实现欧盟范围内的整体目标。要确保所有农民和其他专业农药使用者实施对环境无害的病虫害综合治理。这是一个环境友好的害虫控制系统，专注于害虫预防，并优先考虑其他害虫控制方法，化学杀虫剂仅作为最后手段使用。禁止在敏感区域使用所有杀虫剂，禁止在城市绿地等场所使用所有杀虫剂，这些区域包括公共公园或花园、游乐场、娱乐或运动场、公共道路、一些保护区，以及为受威胁的传粉昆虫保护的任何生态敏感区域。

2.1.2 美国农业支持政策

美国 AES 的执行与管理主要集中在农业部（United States Department of Agriculture，USDA）的农场服务局（Farm Service Agency，FSA）和自然资源保护局（Natural Resources Conservation Service，NRCS）。各种 AES 项目主要来源于农场法案（Farm Bill programs）和保护计划（Conservation Programs）。2018 年 12 月 20 日颁布的 2018 年农业法案建立在为美国农业生产者服务的许多重要计划之上。农场服务局负责监督一系列自愿保护相关计划，致力于解决大量农业和牧场相关的保护问题，例如饮用水保护、减少土壤侵蚀、野生动物栖息地保护、保护和恢复森林和湿地、帮助那些农场遭受自然灾害破坏的农民。

保护储备计划（The Conservation Reserve Program，CRP）是美国最大的私人土地保护计划，作为回报，它为参与的农户提供年度租金支付和成本分摊援助，合同期限为 10~15 年，以从农户农业生产和种植业区域中换取对环境敏感的土地来改善环境质量。该计划的长期目标是重建有价值的土地覆盖，以帮助改善水质，防止土壤侵蚀，并减少野生动物栖息地的破坏。CRP 要求农业生产者留出土地来减少土壤侵蚀，改善水质，为野生动物提供栖息地并促进土壤健康。在持续的 CRP 注册中，可以随时在 CRP 中注册用于某些保护措施的环境敏感土地。如果土地和生产者符合某些资格要求且注册水平不超过法定上限，则会自动接受要约。保护储备增强计划（The Conservation Reserve Enhancement Program，CREP）是 CRP 的一个分支，针对国家指定的优先的环境保护问题。CREP 与 CRP 的不同之处在于，虽然两个项目都关注环境敏感的土地，但 CREP 是州政府和联邦政府之间的合作伙伴关系。建立这种伙伴关系是为了解决高度优先的保护问题。如果农户所在的州没有 CREP 协议，则其土地不能注册 CREP。从农户的农业生产中换取环境敏感土地并建立永久性的资源保护性植物物种（USDA，2019）。农场主按照每个 CREP 合同的年度补偿协议签订合同，期限是 10~15 年。2018 年农业法案通过重新授权和提升保护计划的灵活性，继续大力支持美国农民和牧场主对环境保护付出的努力。

环境质量激励计划（The Environmental Quality Incentives Program，EQIP）由美国农业部自然资源保护局管理，向农业生产者提供财政和技术援助，一对一的开展保护计划，以改善水和空气质量，保护地下水和地表水，提升土壤健康和减少土壤侵蚀等。最终带来更清洁的水和空气，更健康的土壤和更好的野生动物栖息地，同时改善农业生产。财政的援助和补贴可以涵盖农户实施保护措施的部分成本。NRCS 提供约 200 种做法，具体取决于农民的土地所在地。这些做法面向工作农场，牧场和森林，为农户提供了多种保护选择。此外，NRCS 将提供各种保护措施或系统替代方案，以帮助农民解决这些环境问题或达成环境管理目标，并可以改善或保护农民土地上的自然资源条件。一旦农民选择了正确的保护措施，将会获得 EQIP 合同，以获得实施某些环保实践成本的经济援助。保护措施的支付在每个财政年度进行审查和设定。

保护管理计划（The Conservation Stewardship Program，CSP）是美国最大的保护计划，它旨在帮助农业生产者维持或改善其现有的保护系统和接受并实施其他的保护活动，以解决优先的资源环境问题。也就是说 CSP 可帮助农民在加强运营的同时巩固现有的保护工作。无论农民是想改善放牧条件，提高作物产量，还是开发野生动植物栖息地，NRCS 都可以定制设计 CSP 计划，帮助其实现这些目标。NRCS 可以帮助农民安排及时种植覆盖作物，制订放牧计划，改善其牧草基地，实施免耕，减少侵蚀或以有利于野生动物栖息地的方式管理森林地区。如果农民已经采取措施改善其土地状况，CSP 可以帮助农民找到实现目标的新方法。参与的农户获得基于环保效果的 CSP 报酬，取得的环保效果越突出报酬越高。

强大、广泛的欧盟和美国立法为通过 AES 来控制农业面源污染、保护生态环境、促进更加绿色的农业生产提供了强有力的法律依据。合同的一个关键特征是它对农户来说是可选的、有专人指导的、可持续的，而且最重要的一点是补贴激励与具体 GATs 措施或者实施效果直接挂钩，这个观念促进了农户的建设性合作和对环境保护的积极态度。有学者提出，环境支付是政府支持农业的主要支持形式之一，近 20 年里 AES 已经成为政府农业农村管理的核心政策工具（Latacz-Lohmann et al.，2003；Pavlis et al.，2016；Riley，2016）。

2.1.3 中国农业支持政策

由于人口压力、经济增长和对资源的过度开发利用，中国的部分原始森林和湿地已经枯竭，很大一部分农田和草地已经退化。为解决这些问题和改善环境条件，中国实施了几项重大的生态恢复计划，包括退耕还林、自然森林保护计划、坡地转换计划、京津周边荒漠化防治计划（Yin et al.，2010）。然而，农业面源污染防控相关的国家层面的政策还不够完善，缺少针对农户在农田生产层面的监管和强制执行措施（Smith et al.，2017），使得中国农田面源污染防控与治理面临严峻挑战。

近几年，中国政府提出实施农业绿色发展战略，加快转变农业发展方式，走安全高效农业绿色发展之路，出台了一系列有利于农业生态环境保护和激发农民主体环保行动的政策文件，包括《农业部关于打好农业面源污染防治攻坚战的实施意见》《到 2020 年化肥使用量零增长行动方案》《到 2020 年农药使用量零增长行动方案》以及《建立以绿色生态为导向的农业补贴制度改革方案》等。指出中国农业发展要从依靠资源消耗型向资源节约型、环境友好型转变，要把创新体制机制作为防治农业面源污染的强大动力，逐步推进政府购买服务和第三方治理，探索建立农业面源污染防治的生态补偿机制，加强农业补贴制度改革。在推进农业面源污染攻坚中，强调通过"一控两减三基本"来控制农业面源污染。"一控"，即严格控制农业用水总量，大力发展节水农业；"两减"要求减少化肥农药的使用量，落实化肥、农药零增长行动；"三基本"，即利用畜禽粪便、农作物秸秆等的基本资源化利用。这些政策出台之后，也引导地方政府根据各地实际陆续出台自己的政策。如，2015 年广西壮族自治区北海市农业局印发《北海市牛尾岭水库和湖海运河饮用水水源地农业面源污染整治技术指导意见》的通知，其中给出了详细的技术实施方案和技术要点。2016 年"北海市农业局关于加强农业面源污染防治工作的通知"中关于化肥施用，根据不同的作物主产区制定了不同的施肥重点。优点是有详细的技术实施指导，但是缺点是保障措施不足。

新中国成立 70 多年以来，中国农业政策经历了从索取到反哺再到农业支持补贴体系初步形成的多次演变。当下我国农业支持政策在粮食直补和粮食价格支持方面比较成熟，但是在对农户农业生产中的环境保护行为的支持和补贴方面尚处在探索阶段（Smith et al.，2017）。中国农业补贴政策的目标从以"保供给"与"保增收"为主转变为以绿色发展为主的新导向，相应的政策工具从"四项补贴"转变为农业支持保护补贴（杨芷晴和孙东民，2020）。从农业支持补贴的角度分析，该演变过程大致可分为三个阶段（肖小虹 等，2019；全世文，2022）。

第一阶段（1949—2003 年）为"取"的阶段。在该阶段，农业为国家发展尤其是工业发展提供了原始积累。2000 年中共中央、国务院发出《中共中央、国务院关于进行农村税费改革试点工作的通知》，俗称"7 号令"，确定在安徽以省为单位进行农村税费改革试点。改革试点主要内容可简单概括为："三取消、两调整和一个改革"。"三取消"指取消乡统筹费、农村教育集资等行政事业性收费和政府性基金集资；取消屠宰税；取消统一规定的农村劳动积累工和义务工。"两调整"指调整农业税和农业特产税政策。"一改革"指改革村提留征收使用办法。中国开始了以减轻农民负担为中心的农村税费改革，从剥夺农业向反哺农业转变。2001 年接着发布《国务院关于进一步做好农村税费改革试点工作的通知》，进一步调整完善农村税费改革政策。2001 年 3 月 24 日，财政部向国务院报送了《关于完善粮改政策的建议》，提出了改革粮食补贴方式、实行对农民直补的初步设想，建议"完善粮改政策""保护农民种粮积极性"，建立"一个简便的、农民看得见好处的、直接对农民的调控手段"。将过去的粮食保护价制度改为粮食直接补贴。2002 年 3 月，国务院办公厅发布《关于做好 2002 年扩大农村税费改革试点的通知》，确定河北、内蒙古、黑龙江、吉林、江西、山东、河南、湖北、湖南、重庆、四川、贵州、陕西、甘肃、青海、宁夏 16 个省（自治区、直辖市）为 2002 年扩大农村税费改革试点省。同年，在吉林、安徽等地进行粮食直接补贴试点，同年启动大豆良种补贴政策试点工作，之后逐步扩大到小麦、水稻等农作物（杨芷晴、孙东民，2020）。

第二阶段（2004—2014年）为"予"的阶段。中国从2004年开始实行取消农业税试点并逐步扩大试点范围，实施惠农补贴政策，对种粮农户实行直接补贴、对粮食主产区的农户实行良种补贴以及对购买大型农机具的农户给予补贴①，即农业"三项补贴"。2006年中国全面取消农业税，表明中国在减轻农民负担以及实行工业反哺农业、城市支持农村方面取得了重要突破。2004年中央"一号文件"提出要深化粮食流通体制改革，建立对农民的直接补贴制度，并正式推行粮食直补和农机具购置补贴政策。2006年，为应对农业生产资料价格的上涨，我国开始实行农资综合补贴。由此，我国农业"四项补贴"政策体系逐渐形成，分别是2002年开始实行的农业良种补贴、2004年开始实行的粮食直补和农机具购置补贴、2006年开始实行的农业生产资料综合补贴。在农业"四项补贴"制度下，2013年以来我国粮食产量长期稳定在6 000万千克以上，农民收入持续稳定增长，基本实现了"保供给"与"保增收"的政策目标（杨芷晴和孙东民，2020）。但是这些补贴大多没有和环境保护挂钩，对环境造成了负外部性，主要体现在三方面：第一，补贴政策产生的收入效应有可能导致农户过度施用化肥和农药，造成农业面源污染；第二，补贴政策导致更多不适宜耕种的土地投入生产，存在破坏生态平衡的可能；第三，补贴政策（尤其是粮食直接补贴政策）鼓励农户长期种植粮食作物，导致种植结构单一和地力下降（左喆瑜和付志虎，2021）。

第三阶段（2015年至今）为"绿"的阶段。在农业高质量绿色发展的政策目标导向下，2015年财政部、原农业部联合发布了《关于调整完善农业三项补贴政策的指导意见》，启动农业补贴试点改革，将过去"四项补贴"中的良种补贴、粮食直补和农资综合补贴合并为"农业支持保护补贴"，补贴资金统筹用于耕地地力保护和粮食适度规模的经营；同年农业部办公厅、财政部办公厅印发《2015—2017年农业机械购置补贴实施指导意见》，规定直接从事农业生产的个人和农业生产经营组织继续实施农机具购置补贴。将农业"三项补贴"合并为农业支持保护补贴，将政策目标调整为支持耕地地力保护和粮食适度规模经营。2016年印发《关于全面推开农业"三项补贴"改革工作的

---

① 资料来源：《取消农业税》，http：//www.gov.cn/govweb/test/2006-03/06/content_219801.htm。

通知》《建立以绿色生态为导向的农业补贴制度改革方案》。指出要建成以绿色生态为导向、促进农业资源合理利用与生态环境保护的农业补贴政策体系和激励约束机制。我国正式全面推开"三项补贴"改革，促进农业支持补贴政策由"黄箱"转为"绿箱"。作为农业补贴政策体系的核心内容，我国将以支持粮食生产为核心的"四项补贴"转变为以支持耕地地力保护和粮食适度规模经营为核心的"农业支持保护补贴"（杨芷晴和孙东民，2020）。

2017年中共中央办公厅、国务院办公厅发布了《关于创新体制机制推进农业绿色发展的意见》，成为中国农业绿色发展的纲领性文件。目的是要根本改变农业主要依靠资源消耗的粗放经营方式，有效遏制农业面源污染和生态退化的趋势。进一步健全农业支撑保障制度体系，创新体制机制，推进农业绿色发展。为贯彻落实该意见，2018年，农业农村部关于印发《农业绿色发展技术导则（2018—2030年）》的通知。以绿色投入品、节本增效技术、生态循环模式、绿色标准规范为主攻方向，全面构建高效、安全、低碳、循环、智能、集成的农业绿色发展技术体系，推动农业科技创新方向和重点实现"三个转变"，即：从注重数量为主向数量质量效益并重转变，从注重生产功能为主向生产生态功能并重转变，从注重单要素生产率提高为主向全要素生产率提高为主转变。按照"重点研发一批、集成示范一批，推广应用一批"三类情况，分别列出任务清单，通过开展绿色技术创新和示范推广，着力推动形成绿色生产方式和生活方式，着力加强绿色优质农产品和生态产品供给，着力提升农业绿色发展的质量效益和竞争力，为实施乡村振兴战略和实现农业农村现代化提供强有力的科技支撑。2019年，农业农村部办公厅关于印发《2019年农业农村绿色发展工作要点》的通知，强调要推进农业绿色生产、加强农业污染防治、保护与节约利用农业资源等，进一步推进落实农业绿色生产。

2021年《中华人民共和国乡村振兴促进法》颁布，指出各级人民政府应当采取措施加强农业面源污染防治，推进农业投入品减量化、生产清洁化，着力构建以高质量绿色发展为导向的新型农业补贴政策体系。2022年中央农村工作会议表示，要健全种粮农民收益保障机制和主产区利益补偿机制，发展生态低碳农业。党的二十大报告指出，要加快发展方式绿色转型，深入推进环境污染防治。2023年中央"一号文件"在推进农业绿色发展的意见中更是着重强调，要加快农业投入品减量增效技术推广应用。在此背景下，中国开启了从鼓励生产到补贴激励农户在农业生产中采取环境保护行为的转型之路。中国农业支持补贴开始引导农业生产向着绿色和可持续的方向发展，为中国农业绿色转型提供了政策激励（魏后凯 等，2022）。但是，激励农户农业生产行为绿色转变的方式、机制与政策依然在摸索中。

在此背景下，中国开启了从鼓励生产向着在保障粮食安全的前提下补贴激励农户在农业生产中采取绿色生产行为的转型之路。中国农业支持政策开始引导农业生产向着绿色和可持续的方向发展，为中国农业绿色转型提供了政策激励（魏后凯 等，2022）。但是，激励农户农业生产行为绿色转变的方式、机制与政策依然在摸索中，还没有形成对农业面源污染、生态破坏等外部性问题的有效管理和约束（Smith et al.，2017）。

2.1.4 欧美农业支持政策借鉴

任何国家的模式都仅仅契合于当地的体制制度、管理方式、治理手段、环境目标等方方面面的具体情况，不能直接拿来用（Smith et al.，2015）。欧美AES在中国可以借鉴，但不能直接照搬。由于我国农业在生产主体、生产方式及专业化水平等方面与欧美差别很大，农户是否愿意参与AES决定了政策实施的质量。虽然AES安排有一定的激励措施，但是AES的参与率仍然很低，尤其是小农户（Ducos et al.，2009）。需要特别注意的是小农户固有的局限性。一方面，公共政策旨在增加他们的市场参与并保障粮食产量与安全；另一方面，环境政策要求小农用自己的资源保护环境。一些政府官员和学者认为，由于小农户规模过小，农业收入过低，农户遵守此类环境规定的代价比较大，应予以豁免（Futemma，2013）。关于这一点，欧盟在AES中制订了专门针对中小型农场额外的可选计划，即小农户计划（Small farmers scheme）。免除了小农户参与农业绿色生产的义务，且交叉合规（Cross compliance）制裁不适用于小农（European Commission，2019）。发达国家的文献中虽对小规模农户没有统一的定义，但通常指经营面积低于40~100公顷的农场主或农户（Röeder et al.，2006；Ruto et al.，2009；Taylor et al.，2015；Yiridoe et al.，2010）。

就发展中国家而言，农业经营主体的农业经营规模比发达国家小得多，且所有农业实体中小农占绝大多数。中国是世界第二大经济体，更是一个发展中国家的农业大国，农业生产主要集中在许多分散的超小规模农民身上（Wang et al.，2018），户均经营规模仅 7.8 亩（0.52 公顷）（中华人民共和国中央人民政府，2019 年）；其对规模经营种植户则有其明确的界定一年一熟制地区露地种植农作物的土地要达到 100 亩（6.67 公顷）及以上、一年两熟及以上地区露地种植农作物的土地要达到 50 亩（3.33 公顷）及以上、设施农业占地面积 25 亩（1.67 公顷）及以上（国家统计局，2017）。

因此，虽在发达国家可以免除小农环保义务，但发展中国家却不能略过小农户来推行环境友好型农业，这绝不是解决发展中国家农业环境问题的最佳途径。基于国际发达国家 AES 设计（DCE）经验和实施方式（合同），兼顾我国小农户数量占农业经营主体 98% 的客观事实，创新性开展适合我国国情的 AES 创设研究变得非常有现实意义。相信在中国开展的研究小农户采用 AES 的典型和良好的研究范例，未来可为其他发展中国家农业绿色发展政策的制定提供参考。

2.1.5 国内相关实践

广东省在出台相应的政策中，提出比较新颖的面源污染控制机制：IC 卡补偿机制。"广东省农业厅关于印发《2017 年世界银行贷款广东农业面源污染治理项目实施工作方案》的通知"。针对主要经济作物柚子和柑橘化肥农药使用量大，是农业面源污染的主要来源作物，从 2017 年起，对两类作物配方施肥、生物农药和高效低毒农药实行补贴，每年每亩最高补贴限额分别为 138 元、120 元，直接打入 IC 卡方式进行补贴。通知还提到要完善 IC 卡补偿机制，全面升级 IC 卡补贴信息管理系统，并实施镇村激励机制，解决项目管理和技术推广"最后一公里"问题。对镇、村每半年考核一次，考核合格以上的镇每月奖励 1 600~2 400 元，村每月奖励 800~1 400 元，激励资金主要给镇技术指导员和村技术助理。这种 IC 卡补偿机制和村镇激励机制，在农作物增产前提下，项目实施后减施农药20%以上，减施化肥14%以上，为广东省乃至全国污染防治提供可借鉴推广的经验。另外，天津市人民政府办公厅转发《天津市农委拟定的天津市培育发展农业面源污染治理、农村污水垃圾处理市场主体工作方案的通知》。提出建立以效付费机制，即基于环境绩效的付费机制，实现从"买工程"向"买服务"转变，允许专项资金用于购买环境服务。

由此，不难发现，政府政策正在向"购买服务"的方向转变，就是要向提供服务的人作出补偿。比如农户实施这些技术，提供了关于建立良好的生态环境的服务，就应该得到补偿，这与欧美AES理念相同。政府想要为社会提供公共环境产品和服务，如果通过强制性要求农户采取某一环保行动来实现则超出了农户职责所能提供的范畴。为了使农民自愿实施改善环境的行动以提供政府所需的环境产品和服务，有必要提供适当的激励措施。这些激励措施可以补偿农民利用私人资源和生产要素来提供整个社会感兴趣的产品和服务（Provolo et al., 2016）。这些政策的落脚点都是在推广GATs的基础上实现农业生产过程清洁化，最终实现农业面源污染的控制，实现农业绿色高质量发展。

中国当下的农业补贴政策区域差异很大，而且未能有效地刺激农户采用GATs的积极性，不仅与现有的AES对农户收入和福利的影响很小，不能帮助农户规避采用GATs的风险有关，而且也与补贴缺乏有效的监督和控制及管理水平很低有关（向冬梅，2011）。也有些政策甚至成为GATs推广的瓶颈，如对化肥的优惠政策，导致农户在生产中施肥过量，强化了农业生产中对化肥的依赖。现有的政策体系没有形成对农业环境污染、生态破坏等外部性问题的有效约束，加之对农业生态环境保护的生态补偿机制不健全，导致不能形成对农户采用GATs的有效激励（张灿强 等，2016）。

尽管从中央到地方各级政府都为绿色农业技术的推广付出了巨大努力，但在确保农户可持续性采纳方面存在很大问题。其原因有四：一是农业家庭经营占主导地位，大国小农的基本国情农情将长期存在[①]，剩余劳动力老龄化以及小农户本身文化素质普遍偏低、对新型技术的接纳滞后、生产行为自由约束性

---

① 参见《国务院关于印发"十四五"推进农业农村现代化规划的通知》，http://www.gov.cn/zhengce/content/2022-02/11/content_5673082.htm。

差，不利于绿色农业技术的采纳、运用和推广（卢洋啸和孔祥智，2019）；二是自上而下的命令式推广单一技术或模式达不到环境综合保护的目的，且没有考虑农户意愿和选择；三是推广以实验或者试点的形式开展，加之模式固定、适配性低，一期项目结束后参与试点的村庄就不再被纳入试点范围，参与试点的农户因试点项目的结束而被动退出；四是将农业支持补贴与农业绿色生产和环境保护切实关联的政策机制缺失，农业支持补贴政策的指向性、精准性和实效性亟待提高①。总体来看，中国在对农户农业生产中环境保护行为的支持和补贴方面尚处在探索阶段（王娜娜 等，2023）。

2.2 农业支持政策设计研究

2.2.1 离散选择实验的应用

AES 设计方面的研究一般要调查政策使用对象的选择行为、偏好及 WTP/WTA，通常运用陈述偏好法来实现。陈述偏好法的实质是设计并实施基于假想情景下的调研，利用受访者在调研中作出的回答或选择来估算偏好和 WTP/WTA。如前所述，陈述偏好法的主要研究手段有条件价值法（Contingent valuation method，CVM）和离散选择实验（Discrete choice experiment，DCE）。CVM 要求受访者直接回答是否愿意采纳某技术，或者开放式地询问是否愿意按照一定支付/接受水平采纳一个项目或者技术。DCE 不单纯是测量个人的偏好，而是获知个人如何在不同竞争选择集中进行选择（黄晓兰 等，2002），即对项目实施方案的选择，在每个方案中包含各种不相同的选项，例如不同的技术、要求等之间的综合权衡。从 DCE 获得的响应的统计分析可能特别适合于衡量商品或政策属性的边际价值，以得到具有更理想特征的政策组合结果（Ruto et al.，2009），因此特别适合分析人的决策行为（Bougette，2016）。

至此，大量文献从不同理论视角和众多应用领域（社会、经济、地理、

---

① 资料来源：《农业现代化辉煌五年系列宣传之三十四：农业"三项补贴"改革取得显著成效》，http://www.jhs.moa.gov.cn/ghgl/202108/t20210823_6374588.htm。

空间、教育、心理等）推动 DCE 的应用与发展（Ben-Akiva et al., 1999；Chintagunta et al., 2011；Mangham, 2007；Müller et al., 2014）。而另一方面，Cvm 的可靠性则受到越来越多的质疑（金建君 等, 2005；张翼飞, 2007；Boxall et al., 1996；Diamond et al., 1994）。Dcms 要优于条件价值法，它更加灵活而且拥有更坚实的经济学理论基础（Louviere et al., 2010），特别是对于研究非市场物品的价值而言（王赞信, 2013；Adamowicz et al., 1994；Adamowicz et al., 1998；Alpizar et al., 2001；Hanley et al., 2001；Hanley et al., 2003；Hanley et al., 2006；Morrison et al., 1999）。国际上，公民对于环境物品某些属性的选择偏好也通常使用 DCE 而非 Cvm 来分析（Schreiner et al., 2015）。

国外众多研究学者强调 DCE 尤其适合环境政策设计，可以为政策制定者提供有用的信息（Colen et al., 2015；Colombo et al., 2006；Wang et al., 2019）。过去十年中，DCE 被广泛用于研究农户参与 AES 的影响因素（Beharry-Borg et al., 2013；Broch et al., 2012；Tur-Cardona et al., 2018）。DCE 可以在复杂背景下提供一系列基于环境属性和个人特征的价值衡量（Hasund et al., 2011），即 DCE 可以将该 AES 的总效益分割成该计划所包含的每个属性的部分效益，从而为决策者提供有关合同的哪些特征被认为是有问题的以及哪些特征是农民偏好的。此外，一些模型可以揭示农民的选择偏好异质性，给出受访农户最有可能的归到的类别，从而政策制定者可以微调和确定政策目标。迄今为止，DCE 被环境政策研究学者广泛使用（Broch et al., 2012；Beharry-Borg et al., 2013；Espinosa-Goded et al., 2010；Rakotonarivo et al., 2016；Ruto et al., 2009；Tur-Cardona et al., 2018）。

尽管 DCE 已经成为目前主要发达国家研究非市场价值评估和公共政策评价最主要的方法之一。国内进行非市场物品价值评估的研究绝大多数利用条件价值评估法 CVM 方法（张翼飞 等, 2007；马爱慧, 2015）。这与我国 DCE 的研究和应用起步较晚，在这方面研究相对薄弱有很大关系。

2.2.2 国外离散选择实验研究进展

近十年来，国际上 AES 的研究与制定，越来越多的借助于 DCE

（Espinosa-Goded et al., 2010；Ruto et al., 2009）。越来越多的研究者们强调 Dcms 应用于研究农户参与农业环境规划、自愿保护计划的意愿、偏好及影响因素（Abebe et al., 2013；Breustedt et al., 2013；Christensen et al., 2011；Espinosa-Goded et al., 2010；Greiner, 2016；Lancsar et al., 2008）、衡量环境物品及政策的边际价值（Travisi et al., 2008）、评估环境属性其质量变化带来的影响（Ruto et al., 2009）和提供环境决策支持（Hoyos, 2010）。总之，国外利用离散选择实验研究 AES 设计以促进绿色、可持续农业生产实践的采纳已经相当深入。

迄今为止，国外学者在利用离散选择实验方法创设 AES 方案以促进绿色农业技术采纳上已有较多研究。关注点之一是农户对 AES 方案中配套政策的选择偏好，例如实施的期限、灵活性和监督约束等（Guo and Shen, 2020；Lapierre et al., 2023）。关注点之二是农户对众多绿色农业技术的采纳行为（Duke et al., 2012；Lapierre et al., 2023）。但以上研究主要关注单一环境目标，例如化肥农药减施量（Beharry-Borg et al., 2013；Bennett et al., 2018）或购买途径限制（Guo and Shen, 2020；Lapierre et al., 2023）、纳入减量计划的耕地面积（Chang et al., 2017）、杂草控制技术（Jaeck and Lifran, 2014）和农药缓冲区（Christensen et al., 2011）等。然而，当聚焦到以减少农田面源污染，促进农业绿色生产为目的的绿色农业技术选择及农户受偿意愿的研究并不多，主要关注点在化肥减量、农药减量以及缓冲带上。化肥减量方面，Beharry-Borg 等（2013）利用 CLM、潜在类别模型研究了减少农家肥施用量和农田排水以降低农田面源污染保护饮用水质量。Chang 等（2017）采用混合 logit 模型、潜在类别模型关注农户化肥减施量和愿意纳入减量计划的耕地面积。此外这两篇文章都还关注了农户对合同期限和补贴的权衡；农药减量方面，Jaeck and Lifran（2014）用潜在类别模型研究农户对杂草控制技术的选择意愿，减少化学农药选择机械除草和人工除草的方式以限制化学物质的投入，来保护环境和生物多样性。Bennett 等人（2018）研究农药减施量和纳入减量计划的耕地面积，以保护作为濒危物种的栖息地的沿海湿地。此外他还研究了合同期限、退出机制和补贴额度的选择。Lapierre 等（2023）关注行间覆盖和农药使用限制来减少农民农药施用量；设置缓冲带方面，Christensen 等（2011）研究了缓冲带宽度以及缓冲带内是否可以使用化肥及其相应的合同期限、退出机制和补贴额度等对农户参与 AES 的影响。另外，也有学者研究了农户采纳 AES 方案可能带来的风险（Chèze et al.，2020）以及参与 AES 方案所要求的农户自身条件（Lécole et al.，2022）。

可见，上述研究主要集中在一种技术或者针对单个污染源，而从多种污染源的综合防控上做研究的很少。而且，很少有研究涉及具体的绿色农业技术。

2.2.3 国内离散选择实验研究进展

国内对 DCE 的研究和应用起步较晚，近几年才有了应用上的初步的积累，并且多停留在模型应用方面，主要以 logit 或 Probit 模型的应用为主（聂冲 等，2005）。目前，中国研究学者对 DCE 还没有系统的认识，导致该实验模型至今仍然没有得到很好的应用，而且应用于农业环境研究中也不多见。

检索表明，20 世纪 90 年代末之前几乎没有更多关于 DCMs 其他文献的报道。主要的原因在于理论的积累相对薄弱，同时实证分析的数据供给较为贫乏。自孙经纬（2000）和李绍荣（2000）对赫克曼与麦克法登的学术贡献及 DCMs 的详细介绍和关宏志（2004）与聂冲等（2005）对 DCMs 所含基本原理与一些经典模型在理论发展方面的评述发表后，DCE 应用于我国市场、交通、卫生、地理学和空间领域方面的研究越来越多，相关研究成果的数量不断增长。也有一些学者开始采用 DCE 研究资源环境物品的非市场价值，如综合考量空气质量、水质和生物多样性 3 类环境属性特征评估考察成都平原植被恢复环境效益及潜在措施（赵金成 等，2010）、分析城乡居民对于基本农田非市场价值的认知偏好和识别城乡居民对于基本农田非市场价值的 WTP（谭永忠 等，2012；杨欣 等，2016）、估算武汉市农地保护的外部效益及 WTP（陈竹 等，2013）和渭河流域城乡居民对流域生态系统服务 WTP（史恒通和赵敏娟，2015）等。樊辉等（2013）在评述 DCE 的原理及应用进展中指出，选择实验在我国可能的应用范围还将包括生态补偿、流域管理、珍稀物种保护、自然景观的开发等。

国内对离散选择实验的研究和应用起步较晚，相关研究比较薄弱，2010年以后才陆续有学者将离散选择实验应用于农业环境研究。绝大部分文章利用多项 Logit 模型（Multinomial logit model，MNL）在农户受偿意愿的基础上来估算耕地资源的非市场价值（金建君 等，2011；马爱慧 等，2012；谭永忠 等，2012；施园园 等，2016；杨欣 等，2016；姚柳杨 等，2017）。然而，国际上认为多项 logit 模型是一种简化的非行为模型，有很大的局限性（Hoffman et al.，1988）。而且研究方法上，离散选择数据结构及模型实操知识较为欠缺，其用到的二元 logit 和多项 logit 并不能估计和挖掘离散选择数据原本应揭示的特征特质（Hoffman 等，1988）。

与此同时，在对农户绿色农业技术选择、政策偏好和受偿意愿（willingness to accept，WTA）的研究上，国内学者对离散选择实验方法的应用较晚，相关研究非常薄弱。目前研究更多的分析农户对单一技术或笼统的绿色农业技术的采纳意愿，以离散选择实验为工具来分析农户对整个 AES 方案选择偏好的研究很少。在为数不多的离散选择实验应用研究中，对离散选择实验的数据结构及模型实操知识的理解普遍不足。

近五年来，国内在绿色农业技术和农业支持政策偏好方面的文章逐渐增加。现有文献大多采用更加成熟的模型混合 Logit 模型和潜在类别模型，从多个角度开展以农业面源污染防控为目的的农业支持政策偏好研究，得出了许多富有价值的结论。

大多对农户对绿色农业技术推广相关的配套政策进行研究。李想和陈宏伟（2018）研究技术支持、理念培育、直接补贴、政府推广项目、农业化学品使用量变化率对农户减少农业化学品投入意愿的影响。高杨等（2019）利用混合 Logit 模型研究政府补贴额度，保险保费补贴率，技术支持频次，信贷支持额度，宣传推广频次对家庭农场绿色防控技术政策的偏好与补偿意愿。尹世久等（2020）采用混合 Logit 模型、潜在类别模型研究销售支持力度、病虫害绿色防控技术覆盖率、技术支持、环保宣传以及农业保险对农户化学农药减施激励政策的农户偏好及其异质性。喻永红等（2021）则利用混合 Logit 模型分析了农民对不同农业生态保护政策目标（生态目标、社会经济目标、行动要求）的偏好及其生态保护参与行为差异。李国志和江梦滢（2023）研究了是否严格执行禁烧政策、是否对农户秸秆资源化利用进行补贴、是否对农户购置农用机械进行补贴、是否对农户进行秸秆资源化利用技术培训、是否提供秸秆处理设备租赁服务对农户参与秸秆资源化利用的影响。

截至目前，涉及农户对具体绿色农业技术采纳意愿的研究较少。赵晓颖等（2020）从生物农药是否提前使用、是否缩短安全间隔、是否针对性防治、是否产生抗药性以及防治成本方面研究农户对生物农药技术在病虫害控制管理过程中的策略属性偏好，以期实现生物农药对化学农药的有效替代。王娜娜和罗良国（2021）和王娜娜等（2023）则更多的关注了农户对不同绿色农业技术的选择行为及异质性，化肥减施技术（测土配方施肥、侧条施肥、30%有机肥替代无机肥）、还田技术（秸秆还田、绿肥还田）、病虫害防控技术（诱虫板、生物农药）、生态沟渠技术、生态缓冲带技术、技术指导与培训以及补偿额度。给出了兼具综合防控、激励、约束和灵活性的最佳AES方案，并将补贴标准核算与农户采纳绿色农业技术种类、数量及要求直接挂钩，以提高农业支持政策的指向性、精准性和实效性。DCE模型在我国环境保护领域的探索虽取得了一些进展，但大部分研究仍以简单logit模型的直接应用为主，理论基础相对较弱，模型丰富的内涵和较高的实用价值还没有得到充分的体现，特别是应用于现实AES设计并在实践上发挥积极作用还未曾有过报道。因此，将以DCE模型为核心的设计理念引入到我国的AES研发设计与GATs推广实践中，具有重要的理论和现实意义。

综上，现有研究存在以下不足：一是国内以离散选择实验为工具的AES方案创设研究欠缺，而且对离散选择实验的实验设计、数据结构及离散选择模型实操知识的理解不足；二是国内外关注单一绿色农业技术或单一环境目标的文献居多，但缺失从面源污染综合防控角度的探讨。为此，本研究基于离散选择实验方法，分析农户对绿色农业技术、技术指导与培训以及补贴额度的选择偏好、异质性和受偿意愿，并基于此创设最佳AES方案（王娜娜 等，2023）。

第3章 离散选择理论与政策创设原理

3.1 离散选择实验原理

离散选择实验（Discrete Choice Experiment，DCE）以要素价值理论和随机效用理论为基础。其中，要素价值理论认为，任何物品或研究对象都可以被一组反映其特征的属性以及这些属性的不同水平来描述，且个体可以从这些属性中获得效用（Lancaster，1966）。决策者的效用是从物品的属性中得出的，而不是从物品本身得出的。个体可以从这些要素中获得效用，而属性的变化可能会导致效用的变化。这种方法摆脱了传统的消费者理论的假设，后者认为物品是效用的直接对象。随机效用理论认为，人们的决策过程具有不确定性。农户无论选择哪一个方案都可以获得一定的效用，但是，农户总是选择自己看来总效用最大的那个方案（Luce，1959）。在效用最大化的假设下，DCE 被用来研究决策者在备选方案中的选择，即所谓的选择集。

DCE 以对受访者的选择行为和偏好进行统计分析的形式来引出受访者的陈述性偏好。它们通常引入假想市场，构造一定数量的选择集合（备选方案集合），每一个选择集包含两个或者多个选择方案（本研究为 AES 方案）。每个方案由能够描述该方案重要特征的属性以及该属性的不同水平构成，来估计决策者对备选方案的选择行为，从而捕获决策者在方案的不同属性水平和补贴条件下综合权衡的选择行为。实验中展现给决策者不同选择集的合同，要求受访者选择最喜欢的合同。DCE 的主要价值在于它们可以得到有关受访者对各个选择集合及其属性和水平做出权衡后的决策结果（聂冲 等，2005；Wang et al., 2019)。

决策者是选择行为的主体，也是进行决策的最小单位。决策者可以是人、家庭或公司，备选方案可能代表竞争产品、行动方案或任何其他必须作出选择的东西。在实际或模拟环境下从两个或者两个以上平衡的备选方案之间做出选择。

选择集是可供选择的备选方案或选项，为决策变量。备选方案通常以成对的形式出现，且两个备选方案必须是平衡的，不能有明显优势的备选方案存在，因此实验设计过程中要排除不平衡的备选方案组合。一般来说，为了符合实际，将"退出，不选择"作为另外一个方案，将其与备选方案放在一起让决策者做出三选一的选择。

选择集合是所有选择集的集合，即所有可供备选方案的加总。它必须具备三个性质：第一，互斥性。从决策者的角度来看，备选方案必须是互斥的，也就是说决策者选择了其中的一个备选方案，就不能再选择其他的方案；第二，完备性。备选方案必须是详尽无遗的，包括所有可能的选择；第三，有限性。备选方案的数量必须是有限的，即可数的。前两个条件不是限制性的，而第三个条件是限制性的，是 DCEs 区别于传统的算法、回归及优化过程的特殊要求。也就是说，无法通过对选择项的重新定义，来满足这一特性。

效用是备选方案给决策者带来的好处或者满足感。简单来说就是决策者对于待选方案感知到的刺激（杨丽丹，2011），也可以理解成决策者做出某项决策后，经过对备选方案里的各个属性水平综合考虑之后获得的满足感。

迄今为止，DCE 已经成为研究个体或家庭的选择行为及挖掘个人喜好的定量应用技术和最有力的工具。被用来确定描述该商品或服务以及在多大程度上个人愿意为一个属性放弃另一个。

DCEs 与传统的 CVM 或者结合分析的最大区别在于它不单纯是测量受访者的偏好，而是捕获受访者在不同竞争的选择集中如何做出综合权衡下的选择。DCEs 在研究个体行为中最大的优势是受访者的选择行为要比偏好态度更能反映物品不同属性和水平的价值，也更具有针对性。DCEs 的统计分析模型和数据结构也更为复杂，可以模拟更为广泛的市场竞争环境（黄晓兰 等，2002）。

在农业支持政策的研究中,离散选择实验的研究对象就是整个政策方案,而政策方案可以包括绿色农业技术、实施要求、补贴等内容。调研过程中,农户会基于自身特征及其偏好,权衡不同政策方案及其所包含的内容,然后选择自己最偏好的方案。与常规调查的单一问题罗列不同,离散选择实验让农户对包含关键政策属性的整个 AES 方案进行选择,可以在实际调查中模拟真实政策采纳情景。

3.2 基于离散选择实验的政策转型理论

本研究案例中,研究对象是 AES 方案,它由属性(技术与政策类别)及其水平(具体技术与政策措施)来描述。离散选择实验方法将政策制定者关心的关键内容(例如绿色农业技术、技术指导与培训、补贴等)作为属性,所有属性及其水平经过部分析因设计得到备选的假想 AES 方案集合。与常规调查的单一问题罗列不同,离散选择实验让农户对包含关键属性的整个 AES 方案进行选择,即该方法可以在实际调查中模拟真实政策采纳情景。通常,农户从一个选择集(包括 2 个备选方案和退出选项)中作出选择,即完成一次选择决策。农户在 AES 方案的选择中会结合自身特征及家庭特征,考虑收益、时间和劳动力投入等实际问题,综合衡量方案所包含的属性及其水平,选择能给自己带来最大效用的方案。

在农户选择基础上,通过模型识别并定量评估农户对拟制定 AES 方案内容的事前偏好,分析影响农户选择的各种属性及其水平的相对重要性(Mamine et al., 2020),进而可以用农户的选择偏好、异质性及受偿意愿来指导最佳 AES 方案的创设。离散选择实验方法实现了农户在政策制定中的事前参与,使得 AES 方案能符合绝大多数农户的要求,最大限度地提高农户参与率,促进更加高效的农业环境政策的制定(Emery 和 Franks, 2012)。

这种农户参与式的 AES 方案创设,可以解决如下现实问题:第一,可以实现绿色农业技术推广政策由自上而下命令式到自下而上自主式的转型;第二,绿色农业技术不再是以单一技术的形式推广,而是转变为以 AES 方案的形式推广；第三，方案将补贴额度与农户所要实施的技术种类、数量和要求直接挂钩，能够实现农业支持补贴与农业绿色生产的切实关联，提高农业支持补贴政策的指向性、精准性和实效性。总之，AES 方案的创设是对政策设计理念的一种创新和探索，更是对农业政策绿色转型的重要理论贡献。

图 3-1 揭示了中国绿色农业技术推广与政策绿色转型机制。

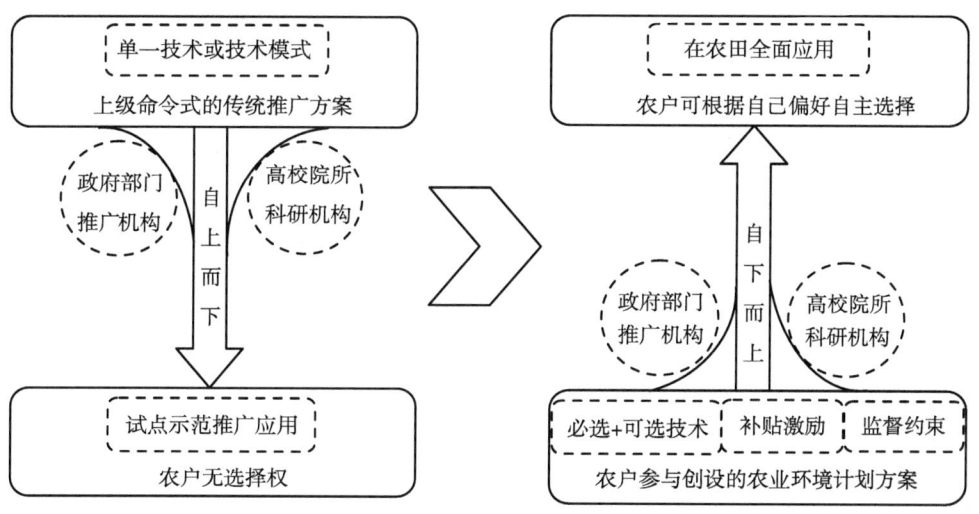

图 3-1 绿色农业技术推广与政策绿色转型示意

3.3 离散选择模型及其理论分析

离散选择模型（DCMs）是一种描述性统计分析方法，但它要优于 CVM，而且拥有更坚实的经济学理论基础（Louviere et al.，2010）。该模型的应用最早出现于 Mcfadden（1974）、Louviere 等（1983a）、Louviere 等（1983b）的论文中，但当詹姆斯·赫克曼教授（James Heckman）和丹尼尔·麦克法登教授（Daniel Mcfadden）因其在微观计量经济学领域和给出了分析离散选择数据的计量经济学方法（DCMs）所作出的贡献获得诺贝尔经济学奖后（孙经纬，2000），DCMs 得到广泛研究（Schulz et al.，2014）。

DCMs 自提出以来，已逐渐发展成为研究个体选择行为最为有效的工具，能够为政府政策的制定提供重要的参考。通常而言，应用最广泛的 DCMs 是 logit 模型，但却存在很多局限性。随着研究问题的复杂化和模型设定的精细化，实践应用中在避免和改进这些局限性上，已发展出了一系列的模型。主要有如下几种：多项 logit 模型（Multinomial logit model，MNL）、条件 logit 模型（Conditional logit model，CLM）、广义极值模型（Generalized extreme value models，GEV）、嵌套 logit 模型（Nested logit model，NL）、多项 probit 模型（Multinomial probit model，MNP）、混合 logit 模型（Mixed logit model，MXL）和潜在类别模型（Latent class model，LCM）。

人们的决策过程具有不确定性，决策者无论选择哪一个选项都可以获得一定的效用。离散选择实验可以产生基于属性及其水平的价值衡量，它允许将总效用分解为 AES 方案中每个属性及其水平的部分效用。因此，离散选择模型的优势在于它可以挖掘 AES 方案本身所包含的属性对农户选择的重要影响，而不仅仅是评估农户自身特征的影响。农户 n 在第 t 个选择集下选择备选方案 j，所获得的效用 U 为：

$$U_{njt} = V_{njt} + \varepsilon_{njt} \tag{1}$$

$$V_{njt} = \alpha_n x_{njt} + \beta_n z_{njt} \tag{2}$$

式（1）中，效用 U 由固定效用 V_{njt} 和随机项 ε_{njt} 构成。式（2）中，固定效用 V_{njt} 是可观测部分，由方案属性变量 x_{njt} 和农户特征变量 z_{njt} 估计。α_n 是方案属性变量的待估参数，是农户的核心偏好参数，刻画了农户 n 对备选方案所包含的属性及其水平的选择偏好方向及强度。β_n 是农户特征变量的待估参数，代表农户特征对其选择的影响。

对于不可观测的随机部分 ε_{njt}，研究人员只能根据事件选择的可能性或者说概率来分析决策行为（Louviere et al.，2000）。因此，研究人员必须建立一种方法来处理与随机项相关的信息，即必须对 ε_{njt} 的分布进行假设（Hensher et al.，2005）。最基础的 logit 模型有 MNL 和 CLM，国际上认为 MNL 是一种简化的非行为模型，有很大的局限性（Hoffman et al.，1988）。当个体的选择是备选方案的相关属性特征函数，而不仅仅是个人属性特征函数的时候 CLM 要更优一些。

条件 Logit 模型（Conditional Logit Model，CLM）假设随机项 ε_{njt} 独立且同分布（Independent and identically distributed，IID）。它建立在很强的假设基础上，但是因为简便而在最开始处理离散选择数据的时候被广泛使用（Hensher et al.，2005）。Train（2009）总结了 CLM 的能力和局限性：①可以刻画"系统性的偏好变动"，即偏好当中与受访者可观测特征相关的部分，但是不能刻画"随机的偏好变动"，即偏好当中不能与受访者可观测特征相关联的部分。CLM 假设所有受访者的偏好相同，同属于一个偏好系数向量，系数 α_n 不随着 n 变化，或者仅随着可观测的特征的变化而变化，是恒定不变的为常数；②可以处理未观测到的因素是独立分布的情形，但当未观测的因素之间相关，如选项之间存在未观测到的关联时则无法处理。这个假设就是随机项 ε_{njt} 是独立且同分布（IID）。即随机项的效用和方差是相同的，并且所有协方差都是零；③CLM 还必须满足一个重要的限制性条件，即无关备选方案的独立性（Independence from irrelevant alternatives，IIA），即各个可供选择的选项之间是独立不相关的（Brownstone et al.，1999；Louviere et al.，2000；Mcfadden et al.，2000）。该公理指出，任何备选方案的相对选择几率都是相同的，而与是否存在其他替代方案无关。换句话说，选项个数的增加或者减少不会对其中选项的选择概率造成影响，即任何两个选择概率的比值与其他选择无关（Ben-Akiva et al.，1999）。

logit 模型的局限性不容忽视，由此产生了对更加精细化模型的需求。这也正是其他离散选择产生并发展起来的主要原因（Greene et al.，2003）。在过去的十年中，已经开发出许多 DCMs 来克服 IIA 的限制。

广义极值模型（GEV），它是一系列模型的统称，该类模型设定所有选项的不可观测部分效用服从广义极值的联合分布。如前所述，CML 有三大限制，GEV 模型只放松了 CML 的 IIA 限制，允许选项之间存在相关性。GEV 模型中，使用最为广泛的是 NL 模型，它将替代方案放入嵌套的嵌套中，这些嵌套变量具有对嵌套内所有备选方案相同的相关性，而不同嵌套之间没有相关性（聂冲 等，2005）。

多项 probit 模型（Multinomial probit model，MNP）突破了以上三个限制，但是一方面其计算复杂；另一方面它要求所有效用的不可观测部分 ε_{njt} 服从于正态分布,但是,在很多情形下,现实实验中的不可观测部分并不服从正态分布。由于以上两方面的原因,该模型应用不广泛(Hensher et al., 2005)。

目前,国际上更常用的是较为成熟的混合logit模型(MXL)和潜在类别(LCM)来处理离散选择数据,它们突破了前面提到的logit模型的限制,其原理详述如下:

MXL克服了CML的三个局限性,而且不像MNP那样受限于正态分布(Brownstone et al., 1999; Louviere et al., 2000; Mcfadden et al., 2000)。与CLM中的恒定系数相区别,MXL允许解释变量的系数是随机的,又被称为随机系数logit模型(Random parameter logit model, RPL)。MXL模型具有高度灵活性,允许待估参数服从一个概率分布而不是点估计,它广泛包含了任何形式的混合分布(既可以是离散分布,也可以是连续分布),模型估计之前需要提前假定α_n的分布。也就是说,系数α_n在决策者之间变化,具有连续的分布而不是恒定的,因此可以体现群体之间的选择异质性。事实上,任何基于随机效用最大化理论的DCMs,其选择概率都可以被MXL模型所估计。模型结果不仅可以反映受访者对于备选方案的平均偏好、影响因素,还可以得知偏好的来源。HENSHER等人(2003)认为混合logit模型被认为是目前所有DCMs里面最为突出,最为显著的一种模型。

这样,农户n在选择集t下从J个备选方案中选择方案j^*的概率为:

$$prob(n, j^*, t) = \int \frac{e^{\alpha_n x_{nj}^* t}}{\sum_{j=1}^{J} e^{\alpha_n x_{njt}}} f(\alpha_n \mid \theta) d\alpha_n \tag{3}$$

(3)式中,$f(\alpha_n \mid \theta)$是系数α_n的概率密度函数,θ是该密度函数的待估参数。

LCM是MXL模型的衍生形式,研究学者们在潜在类别函数的基础上对logit模型进行了拓展。该模型跟MXL模型类似,也是针对随机偏好差异问题而提出的(Greene et al., 2003),也可以得出受访者选择GATs政策的偏好、影响因素以及受偿意愿,但是降低了MXL模型的要求。LCM模型在个体分类的特殊假设上进行分析,将受访者按照其选择偏好的不同划分为几个类别,分别适用不同的系数,同一类别中的个体选择偏好是一致的而类别之间个体的选择偏好则是有差异的。值得关注的是，每个受访者的所属类别由模型自动估计归类并计算每一类的参与概率等，而不是人为划定的，这正是 LCM 模型与一般样本细分估计的明显不同之处，也充分体现了"潜在性"。在环境研究中，LCM 模型以其高度的实用性成为分析受访者随机偏好差异的有力工具和主流方法。

在潜在类别模型中，系数 α_n 的分布可以是离散的，模型自动识别受访者的选择偏好并将其分为不同的类别 $c(c = 1, \cdots, C)$ 来捕获偏好异质性，类别 c 的偏好系数为 α_c。在同一类别中农户的偏好是同质的，但不同类别农户的偏好是异质的。该模型可以挖掘农户偏好异质性中一些可被发现的规律。

假设受访者 n 属于类别 c，他在选择集 t（共 T 个选择集）中选择方案 j^* 的概率如下：

$$prob(n, j^*, t \mid c) = \prod_{t=1}^{T} \frac{e^{\alpha_c x_{nj}^* t}}{\sum_{j=1}^{J} e^{\alpha_c x_{njt}}} \tag{4}$$

受偿意愿（Willingness to accept，WTA）估算了农户因实施 AES 而要求的补偿。常用的做法是用属性变量系数和货币变量系数的比来计算 WTA。

本研究用受偿意愿（WTA）来计算农户实施 AES 方案所需的补贴，常用方案属性变量的系数 α_n 与补贴额度变量的系数 α_p 的比值来表示（参见 Hole，2007），表达式如下：

$$WTA_x = -\frac{\alpha_n}{\alpha_p} \tag{5}$$

由于属性变量的系数在 MXL 和 LCM 中是随机的，那么 WTA 估计本身就是随机变量。因此，为了提供准确的结果，使用 delta 方法计算边际 WTA 及其置信区间（Espinosa-Goded et al.，2010；Hole，2007；Liljenstolpe，2008；Ruto et al.，2009）。基于观测变量 x 的估计系数 α_n，货币变量 P 的价格系数 α_p 及其方差和协方差来计算，详见式（6）和式（7）。

本研究使用 delta 方法计算受偿意愿的置信区间。首先，基于式（6）利用系数 α_n、α_p 及其方差和协方差来计算受偿意愿的方差，表达式如下：

$$var(WTA_n) =$$

$$\left[\left(-\frac{1}{\alpha_p}\right)^2 var(\alpha_n) + \left(\frac{\alpha_n}{\alpha_p^2}\right)^2 var(\alpha_p) + 2\left(-\frac{1}{\alpha_p}\right)\left(\frac{\alpha_n}{\alpha_p^2}\right) covar(\alpha_n, \alpha_p)\right] \quad (6)$$

其次，再由式（7）计算受偿意愿的置信区间，表达式如下：

$$95\%CI = WTA_n \pm Z_{a/2}\sqrt{var(WTA_n)} \quad (7)$$

第4章 实验设计、数据收集及处理

4.1 离散选择实验核心模块设计

4.1.1 因素和水平的选择

DCE 旨在产生基于属性和水平的价值衡量，它允许将总效用分解为该方案的每个属性的部分效用。设计 DCE 时，最重要的步骤是确定描述受访者将考虑的政策措施的重要特征，并随后选择每个属性的可选水平。

（1）问题的定义及细化

收集和整理国内外 DCE 相关的理论研究及其应用领域，比较 DCMs 相对于其他实验模型、方法的优缺点。总结目前国内外关于 DCE 在 AES 设计方面的应用，对比不同学者的研究结果，总结中国 AES 设计可以借鉴的地方。发掘国内 DCE 应用的不足之处，并予以改正、避免。为科学合理的设计中国 AES 方案选择集，全面深入地对问题进行定义和细化做好充分的前期准备工作。问题的定义及细化主要明确回答三个问题：此次研究的目的与主题；农户参与到 AES 方案/合同中来的决定因素；目标农户的选择。

（2）属性和水平的确定

DCMs 最重要的一步就是决定能描述环境物品（本研究即 AES 方案）特征的重要属性，然后选择每个属性的水平。在本研究中，属性的选择基于效用函数，最低和最高水平由该领域专家确定，必须在可实施范围，而且，所选的属性和水平必须是可执行的，不能脱离消费者对现实市场环境的真实理解。属性和水平确定之前要进行有关文献和政策文件的审查、与相关专家的访谈、考虑政策制定者和管理者的担忧、实地考察和预调研等。

当农户选择时，假设他们考虑所有属性水平和选择方案并在他们之间进行权衡。因此，属性和水平不宜过多，尤其在发展中国家农村地区。否则，可能会超过受访者的理性判断范围，农户将不会考虑所有信息并且只选择最简单的或提供最高补偿额度的选项。另外，增加属性和水平的数量会增加实验的复杂性和数据集的大小。因此，必须包括足够数量但可管理的属性和水平。同时确保每个选择集合都包含"不参与（opt-outs）保持现状"这一项，以避免强迫性选择。De Bekker-Grob 等（2012）和 Clark 等（2014）指出 DCE 研究中属性数量大多数集中在 4~6 个，平均为 6 个。因此，一方面，作者希望包括目前正在推广且方便农户使用的大部分的 AET；另一方面，又要控制属性数量，并根据研究区域的具体情况做出一些调整。以确保 DCE 中包含的属性及水平既可以解决面源污染问题，又不会给农户造成认知负担。

本研究的重点是农户对各种 GATs 的选择效用衡量，即选择偏好。通常，对于属性与水平的选取，文献是最主要的参考来源，其次是对利益相关者及专家进行的访谈（Mamine et al., 2020; Raina et al., 2021）。除以上两种途径外，本研究还梳理了目前研究区域内正在推广的各种绿色农业技术来作为选取的参考。最终，本研究筛选了常用的可供农户操作的一些技术，化肥减施技术、秸秆还田技术、农药减施技术、生态沟渠技术和生态缓冲带技术，并将其纳入 AES 方案，具体共计 9 种技术（表4-1）。前三类技术主要起到化肥、农药减施以及土壤有机质提升的效果，后两种技术可以防止农田养分或污染物进入外部环境，以达到农田面源污染综合防控的目的。配套政策主要是技术指导与培训以及相应的补贴激励（表4-1）。培训和实地指导在技术推广中发挥着重要作用（朱菊隐 等，2019; Huang et al., 2008），而且农户技术指导需求强烈，服务方式要求多样化（张灿强 等，2016）。Rao 等（2012）的研究表明有 86% 的家庭认为他们需要获得农业技术指导。因此，我们将不同的培训方式包含在合同的属性中。政府政策补贴对农户农业生态转型参与行为具有明显的靶向指导作用（杨玉苹 等，2019）。最后，加入补贴属性以便估算 WTA 作为激励措施吸引农户参与。此外,还对农业环境研究人员进行了半结构式访谈,以确定最终纳入我们实验的 GATs 和补偿额度。补贴额度根据当地农户每年每亩的农田收入计算,以补偿农户在采用 GATs 后可能产生的农田收入损失。假设农户在采纳 AES 方案后可能带来的每亩种稻收入损失为 10%~30%,本研究将按照 15%、25% 和 35% 三个等级计算补贴额度,即补贴额度是在收入损失的基础上提高 5%。各区域的因素和水平,因区域具体情况有所不同。以黑龙江省为例,具体因素和水平见表 4-1,除去培训和补贴额度外,共计 8 种 GATs 纳入研究。

表 4-1 属性和水平（以黑龙江为例）

AES 方案内容	属性	水平
绿色农业技术	化肥减施技术	A. 无要求；B. 测土配方施肥；C. 侧条施肥；D. 30% 有机肥替代无机肥
	秸秆还田技术	A. 无要求；B. 还田
	农药减施技术	A. 无要求；B. 高效低毒生物农药；C. 诱虫板
	生态沟渠技术	A. 无要求；B. 20 米长；C. 30 米长
	生态缓冲带技术	A. 无要求；B. 0.5 米宽；C. 1 米宽
配套政策	技术指导与培训	A. 无要求；B. 在田间；C. 在村部；D. 在乡镇
	补贴额度（元/亩）	A. 0；B. 121；C. 202；D. 283

注：补贴额度依据本研究团队前期对黑龙江水稻种植户调查得到的数据计算。

4.1.2 选择集合设计

当 AES 方案的属性和水平数目不太多时可以将所有的方案组合展现给受访者,但是当属性和水平数目较多时就会超出受访者的认知和理性判断范围。因此,构造适当的政策组合方案,使之既有代表性又在受访者评估能力范围内,就变得格外重要。

虽然析因设计（Factorial Design，FD）作为一种多因素多水平交叉分组进行全面试验的设计方法,可以考虑到因子所有的处理组合,能分析观测指标与研究因素间的复杂关系及交互作用。但当因素增加时,实验组数呈几何倍数增加,不但计算复杂,而且给众多交互作用的解释带来困难。因此,当因素个数较多（大于 3 个）及水平数过细时，一般采用部分析因设计（Fractional Factorial Design，FFD）来减少组合数目（黄晓兰 等，2002；宋奎勐 等，2012；朱大伟 等，2016；Ferrini et al.，2007），以很好地解决因问卷中的选择集数量过多对受访者的决策造成影响的问题。

部分析因设计（FFD）首先决定实验总次数，它提供了一种从所有选择集合中选择有效利用可能的子集的方法。主效应设计假定每个 AES 方案或合同的效果随属性而变化，但每个属性的效果不依赖于任何其他属性的取值。它的优点是每个属性变量和任何其他零相关；每个属性变化所带来的影响都可以被识别和衡量，不足之处则表现为由于选择集数量的减少，测度相互作用的能力丢失。研究表明，随着每个受访者需要选择的选择集个数增加将等同于增加了样本量，且受访者同质性程度越高，估计的效果会越好。

实验设计常用正交排列法（Orthogonal Arrays）估计主效应的线性模型（Linear Model），以期获得正交的、平衡的政策方案组合。本研究利用 SPSS 和 Excel 软件进行选择集合的设计。当属性及其水平数量较多时，一般采用部分析因设计来减少选择集数目。最终，宁夏包含 10 对选择集、黑龙江省有 8 对选择集、江苏省有 12 对选择集。为了减少农户工作量，并确保调查质量，三省（区）均设置 A、B 两类问卷。具体来说，在宁夏的两类问卷中各放入 5 个选择集，在黑龙江的两类问卷中各放入 4 个选择集，在江苏的三类问卷中各放入 4 个选择集。即宁夏的受访农户在完成一份问卷时要做 5 次不同选择，黑龙江的受访农户在完成一份问卷时要做 4 次不同选择，江苏的受访农户在完成一份问卷时也要做 4 次不同选择。对于每一次选择，农户从备选方案 1 和备选方案 2 中选择最偏好的方案，或者选择退出（表 4-2）。

好的选择集具有精心设计的布局，这些布局看起来吸引人，易于阅读且易于理解。Mangham（2007）认为，图片对于解释不能假设识字的低收入或中等收入国家的情况很有用。当然，视觉元素可能会通过减少潜在的无聊行为以及帮助和鼓励受访者参与该过程来进一步帮助。中国农村地区的现实生活影响着我们附上图片，以使我们的调查问卷更易于理解和方便受访者。

表 4-2 选择集示例（以黑龙江为例）

因素	合同 1	合同 2	退出选项
施肥推荐	30%有机肥替代无机肥	侧条施肥	无要求，保持原来耕作方式不变
秸秆还田	无要求	还田	
虫害控制	无要求	无要求	
生态沟渠（长）	20 米	无要求	
缓冲带（宽）	无要求	1 米	
技术指导与培训	在乡镇	在乡镇	
补偿额度（元/亩/年）	283	283	
我选择（打 √）	○	○	○

4.2 问卷整体设计

以上因素和水平的选择及选择集合设计结束后，便成功地设计好 AES 政策方案选择集。但这只是完成了实验的核心部分，即离散选择部分。农户是否愿意参与 AES 决定了政策实施的质量，虽然有一定的激励措施，但是 AES 的参与率仍然很低，尤其是小农户（Ducos et al., 2009）。研究表明，农户的态度和动机、农户和农场特征、实施成本以及不同国家地区和区域均对农户的采纳有影响（Ahnström et al., 2009；Atari et al., 2009；Ducos et al., 2009；Gatto et al., 2019；Knowler et al., 2007；Marenya et al., 2007）。即农户是否参与 AES 肯定还受很多其他因素的影响，是多种因素共同作用的结果，这些因素要设计在问卷离散选择部分以外的其他模块。因此，问卷主体（用于变量研究的部分）除离散选择部分以外还要包括农户社会经济变量部分。

完整的问卷主要包括以下五部分。

(1) 问卷调研主题及目的介绍

为减少农业污染问题，政府决定对在自己农田采用绿色农业技术的农户给予配套补偿（免费培训学习和现金补贴）；为帮助政府更好地设计此政策，我们特组织了此次调研。

(2) 问卷填写相关信息隐私保护说明

此次调研问卷数据仅用于科研，不会对其他任何个人或组织公开，希望农户积极配合调研。

(3) 对问卷选择集部分的说明（因素及水平）

农户需要在农田上采纳并完成一定的绿色农业技术来换取每年度的补贴。这些政策方案的参与是自愿的，农户可以毫无顾虑地自由选择不参与，并坚持按原有习惯方式来管理农田；如果农户愿意参与，则必须在自己的农田上实施所选择方案下的所有绿色农业技术，同时将在年末验收兑现获得选择方案对应的补贴；说明实验将持续期限（有效年份）。请选择您最中意的AES政策方案，包括您可以选择退出并以您熟悉的传统方式来管理自己的农田。整个DCE中使用的属性和水平也通过图例进行了简要说明，以说明其含义。

(4) 问卷离散选择部分，即选择集合部分

Bech等（2011）研究了一个问卷中的选择集数量是否会对受访者的决策造成影响时发现：当问卷中选择集达到17个时，一般受访者还可以应对，但是跟放入5个选择集时相比一些结果会稍微不同。数量太多可能不适用于中国，因为中国农户没有遇到过此类调查表。因此，将宁夏的10对选择集前1-5对放入问卷A，6-10对放入问卷B，即问卷A和B离散选择部分不同，其他模块则完全一致。那么每个农户面对一个问卷，会做离散选择部分的5个选择，得到5个样本。江苏12对选择集同理分别放入三类问卷、黑龙江省的8对选择集同理分别放入两类问卷。最终，宁夏、江苏和黑龙江的每位受访农户分别面对5个、4个和4个AES方案。

(5) 农户社会经济变量部分

本研究主要包括受访农户的自身特征、家庭特征、农田特征、农户GATs的使用经历以及农户对环境污染的认知和态度等。

最后，审查问卷问题排序是否合乎逻辑并易于理解。

4.3 研究区域选择及数据收集处理

河流或湖泊流域内的农业生产活动是农业面源污染最大的风险来源，也是绿

色农业技术采纳的重点区域。本研究选择将宁夏回族自治区引黄灌区和黑龙江省松花江流域作为主要调查区域，并选择流域内典型稻作区的农户作为调查对象。

农田面源污染中，以稻田生产带来的污染贡献大（司友斌 等，2000；祝惠 等，2010；章芹 等，2011；周霞 等，2018）。而河流流域内的耕地是面源污染最大的风险来源，是GATs采纳的重点区域，因此，本研究调研对象选择河流流域内的典型稻作区农户。根据我国主要河流流域分布，拟选在长江流域、黄河流域、黑龙江在中国境内的最大支流松花江流域，而研究区域选择三个区域中的典型稻作区：南方稻作区长江下游太湖流域的江苏省宜兴市，北方稻作区宁夏引黄灌区、松花江流域黑龙江省方正县。各区域自然环境、农业生产及农户经济情况见下文。围绕水稻生产中可用的GATs结合其他促进技术推广的因素来创设AES，考察他们对GATs等合同属性的选择行为，进而为提出区域适宜的AES提供支撑。

太湖流域是我国经济最发达、大中城市最密集的地区之一，同时也是我国的"鱼米之乡"。太湖位于长江中下游地区，是中国第三大淡水湖泊（王俊飞 等，2019），是典型的富营养化浅水湖泊，属于"三河三湖"重点水污染控制区。太湖流域治理中发现尽管关掉了不少往太湖直接排污的工厂，但经过长时间的治理其水质仍不能令人满意。这是由于农业面源污染已经成为导致太湖流域水环境和土壤环境质量下降的罪魁祸首（王岚，2013）。农田种植等产生的污染物及多余的养分随地表径流或淋溶流失到水环境中，对流域水环境的污染贡献日趋增强（陆沈钧 等，2020；罗永霞 等，2015；张琼华 等，2016）。迫切需要探索防治农田面源污染的生态补偿机制，引导农民采用绿色农业技术。江苏省占到流域面积的53%，调研区域选在太湖西北岸的江苏省宜兴市。农村居民人均可支配收入较高为27 860元，水旱两熟制是该区域耕作制上的主要形式。平原陆地面积约783平方千米，水域面积约532平方千米。降水量常年偏多，河流湖泊密布，除太湖外还有天然湖荡30个，属于农业面源污染敏感区。

黑龙江省地域广阔，人均耕地面积大，是中国的主要粮食产区。近些年来，农民为了增产增收，不断加施化肥和农药，加之利用效率低过量肥药随着径流进入松花江及其支流，严重影响松花江及支流水体水质。有文献报道松花江流域的污染主要来自农业面源污染（张力 等，2008；王岚，2013），综合污染指数位于我国七大流域前列（侯淑艳 等，2019）。调研区域为松花江中游南岸的方正县。2019 年，方正县农业总产值 32.75 亿元，农村居民人均可支配收入 15 385 元（哈尔滨市方正县人民政府，2019a）。方正县面积 3 000 平方千米，县内大小河流 21 条，湖泊 268 处且湿地众多，是生态环境保护的重点区域。地貌为"七分山水三分庄园"，耕地面积 126 万亩，其中水田 100 万亩，一年一熟，是黑龙江省优质大米主产区之一，素有'塞北小江南，龙江鱼米乡'的美誉，是中国方正大米之乡、中国富硒稻米之乡，国家级生态建设示范县、国家级水稻生产全程机械化示范县。因此，针对黑龙江水稻作区进行 AES 创设探索非常有意义，符合国家全面打赢农业面源污染防控攻坚战的要求。

宁夏引黄灌区面积为 6 573 平方千米，地处黄河上游，是我国重要的商品粮生产基地，近年人均粮食产量高达 480 千克以上，居全国前列。因干旱少雨农业灌溉全部依赖黄河水，每年从黄河引水量超过 70 亿立方米，属我国灌溉农业的精华地带，在干旱半干旱区农业中具有典型的代表性（刘汝亮 等，2019）。农业经济结构以种植业为主，一年两熟，该区域占宁夏全区 30% 的耕地、44% 的农村人口创造了 70% 的农业产值和主要农产品（张爱平 等，2010）。主要调研区域在青铜峡市，位于宁夏引黄灌区的精华之地，黄河穿境而过 58 千米，有"九渠之首"、贡米之乡、塞上明珠之誉。培育有优质大米产业，获得青铜峡大米原产地地理标志，优质水稻种植面积 20 万亩，优质绿色富硒水稻种植基地 26 个。2019 年农业总产值 21.5 亿元，农村居民人均可支配收入 15 491 元。中上游地区灌溉农业迅猛发展，农业生产中农药、化肥投入不断增加。灌区有大小排水沟近 200 条，主要排水干沟 32 条，支沟多达 1 564 条（刘国强 等，2010），是农田灌溉排水的主要输送廊道，同时也是农业非点源污染物运输和迁移主要途径。而农田沟渠排水将退入黄河，其携带大量污染物质也进入黄河，使黄河下游的水量水质安全受到巨大影响（郑灿 等，2018；张爱平 等，2010）。因而需要创新 AES，吸引农户在水稻生产上采纳 GATs。

为此，针对区域情况，在完成分区域 AES 的设计，即确立合同方案选择集（离散选择部分）及完成问卷整体设计后（4.2），课题组赴以上三个区域开展农户调研。问卷的收集通常有两种方式纸笔形式的面对面或计算机电子版问卷。许多研究人员采用电子版的问卷（De Valck et al., 2014; Shah et al., 2015; Poulos et al., 2016）以方便图形化呈现以及可以降低问卷录入错误，但是电子版在线调研的回复率通常较低，而且在中国农村地区使用在线调研是不切实际的。因此，调查于2016年7月在宁夏预调研，2017年1月、5月、6月分别在宁夏、江苏和黑龙江以面对面访谈的形式正式调研。最终，宁夏获得有效问卷56份、江苏有效问卷139份、黑龙江有效问卷137份，即一共332位农户，得到1 384（56×5+139×4+137×4）个样本（即1 384次选择）。

DCMs对选择集的数据格式有特殊的要求，在进行数据分析之前必须将所有选择集进行重新编码，并与受访者的"选择"结果合并，使受访者的选择整合到离散选择数据结构中，每个选择产生三行数据。数据处理时，作者设置生态沟渠、缓冲带和补偿金为连续变量，其他属性的水平为分类变量，"无要求"为基础/参考水平，本研究三区域所涉及的所有属性变量及定义见表4-3。接下来，第5章至第8章是本论文的实证分析部分，将对收集到的、已准备好分析格式的离散选择数据进行处理。案例分析主要基于MXL和LCM模型，分别由Stata 14.1中"mixlogit"和"lclogit"软件包估算。而农户对GATs的WTA使用来自LCM估计的参数，根据式（6）和式（7）来估算。

表4-3 方案属性变量的说明及定义

AES方案内容	属性	方案属性变量	变量定义及赋值
绿色农业技术	化肥减施技术	测土配方施肥	有=1，无要求或退出=0
		侧条施肥	有=1，无要求或退出=0
		30%有机肥替代无机肥	有=1，无要求或退出=0
	还田技术	秸秆还田	有=1，无要求或退出=0
		绿肥还田	有=1，无要求或退出=0
	农药减施技术	诱虫板	有=1，无要求或退出=0
		高效低毒生物农药	有=1，无要求或退出=0
	生态沟渠技术	生态沟渠长度	连续变量，无要求或退出=0
	生态缓冲带技术	生态缓冲带宽度	连续变量，无要求或退出=0

（续表）

AES方案内容	属性	方案属性变量	变量定义及赋值
配套政策	技术指导与培训	田间技术培训	有=1，无要求或退出=0
		村部技术培训	有=1，无要求或退出=0
		乡镇技术培训	有=1，无要求或退出=0

4.4 现场调研情况

4.4.1 宁夏调研现场照片

4.4.2 江苏调研现场照片

4.4.3 黑龙江调研现场照片

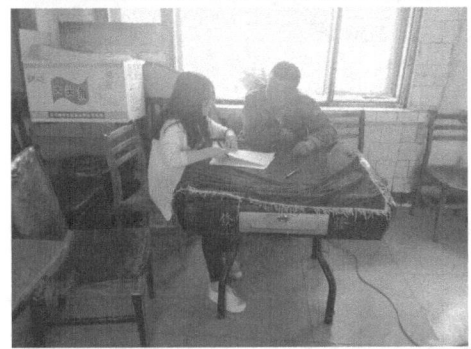

下篇
农业支持政策创设案例分析

第5章 江苏稻作区案例分析

5.1 描述性统计

表5-1给出了所有农户（N=128）的描述性统计。受访者的平均年龄为63岁，接近90%的农户超过50岁。平均每户家庭四口人，有两个人参与农业劳动。超过2/3（69.53%）的受访农户是女性，而且大多数的受访者教育水平在初中及以下。平均家庭年收入为4.27万元，但是标准差较大，说明农户收入差距较大。户均耕地持有量仅为0.18公顷，明显小于定义为小农户的0.6公顷（Luo et al.，2016），平均田块面积更小，为0.1公顷，是中国典型的小农户状态。农业利润低，对农户的收入支持不大。除了农忙季节，农户一般要做额外的工作来补贴家用，尤其是男性。在有些地区女性占到农业劳动力的70%~80%，而且大部分是中年人且教育程度偏低（Smith et al.，2015）。调研中，绝大部分（96.88%）的农户表示曾经使用一种或者多种GATs。超过一半（57.04）的农户认为农田周围的环境向好的方向变化。但是当问及如何变好时，受访农户的回答基本是农田道路或者水利设施变好，没有涉及水及土壤的环境变化，这一点值得注意。大约2/3的农户认为农业生产会给环境带来不良影响。

5.2 混合Logit模型

一共有512个样本（N=128）纳入MXL模型得到1 536个观测值。模型中我们指定补贴额度为对数正态分布，其他变量为正态分布。模型中只放入属性变量，以观测农户整体对技术选择的偏好以及是否存在选择偏好异质性。表 5-2 给出了模型结果，包括属性变量的系数均值及标准差的估计值。变量的显著性表示这些技术放进合同里会影响农户是否选择参与 AES。系数值为正表示该技术包含在合同里会促进农户的参与，也就是说农户偏好于这种技术。而系数值为负则表示将该技术放进合同中会阻碍农户签订合同，也可以说农户不喜欢这种技术。农户的这种偏好异质性通过属性系数的标准差及其显著性得到证实（表 5-2 下半部分）。

对于生态沟渠技术系数均值为负值且显著，不能将其简单理解为农户不偏好这种技术，因为该变量的系数标准差也是显著的。表明整体上农户不偏好这种技术，也就是农户不愿意构建生态沟渠。但有选择偏好异质性的存在，即有部分农户偏好这种技术，且调研中有些农户认为该技术是防止农田养分及污染物进入外部水体的有效措施。这一点显示出了 MXL 模型比通用的逻辑回归有明显优势。整体来说，农户排斥种植绿肥替代小麦然后绿肥还田这个技术。为了防止空气污染，粮食收获后的秸秆禁止焚烧，模型结果显示变量"秸秆还田"不显著，说明农户不排斥但是也不喜欢，不过，该变量系数的标准差显著则暗示农户对该技术偏好不一致。三种技术指导与培训方式中，变量"村部技术培训"为正显著，而变量"乡镇技术培训"为负显著。说明农户偏好于在村里参加技术指导与培训而如果让其去镇上参加技术指导与培训则会降低其参与率。虽然变量"田间技术培训"不显著，但是其系数标准差显著，而变量"乡镇技术培训"的标准差也显著，揭示出农户在参与方式选择上是有不同的看法或认识，即有其偏好异质性。与预期相反，变量"补贴额度"不显著，不是激励农户参与的主要因素。针对以上发现的农户选择偏好及异质性问题，以及补贴额度不显著的问题，将在下一节利用 LCM 中进一步揭示。

表 5-1 描述性统计

社会经济变量	解释及赋值		统计值
性别	性别（女性=0；男性=1）	% of 0	69.53
		% of 1	30.47
年龄	受访者年龄（年）	Mean (SD)	62.58 (10.97)

(续表)

社会经济变量	解释及赋值	统计值	
受教育程度	教育水平（小学及以下=1；初中=2；高中=3；高中以上=4）	% of 1	50.00
		% of 2	44.53
		% of 3	4.69
		% of 4	0.78
家庭收入	家庭总收入（万元/年）	Mean（SD）	4.27（4.32）
家庭人口	家庭总人口数（个）	Mean（SD）	3.63（1.68）
劳动力人数	家庭中从事农业的人数（人）	Mean（SD）	1.93（0.83）
耕地面积	家庭耕地总量（公顷）	Mean（SD）	0.18（1.20）
平均田块面积	平均田块面积（公顷）	Mean（SD）	0.10（0.74）
养殖情况	是否养殖（不养殖=0；养殖=1）	% of 0	52.34
		% of 1	47.66
技术使用经历	之前是否用过环境友好型技术（没用过=0；用过=1）	% of 0	3.12
		% of 1	96.88
环境变化感知	近几年周围环境的变化（严重退化=1；明显退化=2；有退化迹象=3；无变化=4；有提升的迹象=5；明显提升=6；提升很大=7）	% of 1	2.34
		% of 2	8.59
		% of 3	9.38
		% of 4	22.66
		% of 5	22.66
		% of 6	31.25
		% of 7	3.13
环境污染认知	农业生产是否对环境有影响（没有=0；有=1）	% of 0	64.06
		% of 1	35.94

表 5-2 混合 logit 模型估计结果

观测值=1 536
卡方检验（12）= 63.99
对数似然=−461.60486
Prob > chi2 = 0.0000

变量	系数	标准误
均值		
补贴额度	0.039	0.094
测土配方施肥	0.191	0.495

(续表)

变量	观测值=1 536 卡方检验（12）= 63.99 对数似然=-461.60486 Prob > chi2 = 0.0000	
	系数	标准误
30%有机肥替代无机肥	-0.074	0.454
侧条施肥	0.075	0.248
秸秆还田	0.384	0.339
绿肥还田	-0.921**	0.289
诱虫板	0.263	0.287
高效低毒生物农药	0.136	0.293
生态沟渠长度	-0.120*	0.054
田间技术培训	0.020	0.277
村部技术培训	1.162***	0.212
乡镇技术培训	-0.795*	0.383
标准差		
补贴额度	1.795	
测土配方施肥	0.448	
30%有机肥替代无机肥	-0.115	
侧条施肥	0.300	
秸秆还田	1.083**	
绿肥还田	0.887	
诱虫板	0.395	
高效低毒生物农药	0.103	
生态沟渠长度	0.240**	
田间技术培训	0.812**	
村部技术培训	-0.011	
乡镇技术培训	1.032***	

注：* $p<0.05$，** $p<0.01$，*** $p<0.001$

5.3 潜在类别模型

与 MXL 对属性变量的系数呈连续型分布的假设不同，LCM 模型假设其呈离散分布。模型原理及区别已在 3.2 详细说明，此处不再赘述。LCM 可以解释受访者的异质性偏好，但是最适合数据的分类结构需要提前确定。三个标准用于确定使得模型最优的农户类别数量。即最小 Akaike 信息准则（the minimum Akaike Information Criterion，AIC）、最小贝叶斯信息准则（the minimum Bayesian Information Criterion，BIC）和最小'一致'AIC 准则（the 'Consistent' AIC，CAIC）（Boxall et al.，2002；Pacifico et al.，2012）。表 5-3 给出了将农户分为 2 类到 5 类时，LCM 收敛时的估计值。AIC，CAIC 和 BIC 最小分别在 5，2 和 2 类。在这种情况下，就要作者自己判断并尽量秉持模型简单性原则决定最终选择几类（Boxall et al.，2002）。AIC 的值在 2~5 类中的变化幅度不如 CAIC 和 BIC 值大。而且 AIC 往往趋向于给出一个更多的分类，BIC 就不会（Broch et al.，2012；Mclachlan et al.，2000；Scarpa et al.，2007）。综合以上考虑，我们选择两个类作为最优解的模型，即将农户分为两类的模型是最优的模型，估计结果见表 5-4。

表 5-3 不同类别 LCMs 收敛时的 AIC，CAIC 和 BIC 值

类别数	对数似然函数值	AIC	CAIC	BIC
2	-439.2386	952.4772	1 095.002	1 058.002
3	-393.2246	910.4492	1 149.275	1 087.275
4	-370.7617	915.5234	1 250.65	1 163.65
5	-334.1093	892.2187	1 323.646	1 211.646

模型根据农户对 AES 属性（GATs）的选择偏好分为两个不同的类，个体特征变量以第 2 类农户为参照。第 1 类农户占受访农户总数的 34.90%，第 2 类占 65.10%。第 1 类农户选择参与 AES 的平均概率为 26.90%，第 2 类农户为 48.11%。可见，第二类农户的 AES 参与率更高。两类农户对补偿额度持完

全相反的观点，均为极显著但是系数相反。这一点值得注意，说明补贴对农户的激励作用不同，政策制定者要考虑不同形式的补贴，才能消除各类农户意见，激励更广泛的参与。

属性变量的符号和显著性水平因类别而异，印证了 MXL 农户之间存在选择偏好异质性的结果。结果显示，第 1 类比第 2 类中显著的变量更多。测土配方施肥、高效低毒生物农药和在村部参加技术指导与培训极显著的驱动第 1 类农户参与 AES，但是侧条施肥、绿肥还田、诱虫板以及构建生态沟渠放入 AES 合同，会阻碍第 1 类农户参与。而第 2 类农户只在乎补贴额度和在哪儿参加技术指导与培训，偏好于高的补贴，在村里参加技术指导与培训，且不乐意去镇上参加技术指导与培训。相较于第 2 类农户，第 1 类农户对于在 AES 合同里放入什么技术有比较明确的偏好和看法。

施肥推荐中，第 1 类农户喜欢测土配方施肥，不喜欢侧条施肥。还田方式中强烈反种植对绿肥还田，因为种了绿肥就要放弃一季小麦的种植。在调研中，不少受访农户表示，考虑到食品安全问题，农户倾向于自己种植粮食作物，希望通过自己有限的粮食生产供给自己和家人。在虫害防治方面，第 1 类农户倾向于生物农药，不喜欢用诱虫板，农户表示诱虫板在一般农资商店不容易买到而且诱虫板安装也耗费人工。此外，该类农户对构建生态沟渠的意愿不高。最后比较重要的一个结果是，第 1 类农户对高的补贴额度没有要求，这与第 2 类农户只要给予足够高的补贴，可以让第 2 类农户接受任何推荐使用的技术。综上，本研究将第 1 类农户命名为"环境保护型"农户，第 2 类农户标记为"利益驱动型"农户。

社会经济变量收入（家庭收入）和家庭人口数（家庭人口）显著，收入较高的农民和家庭成员较少的农民有更大的可能归到第 2 类（利益驱动型）。他们是否愿意参与 AES 更多地取决于所提供的补偿金额，而不是将要实施的 GATs 的类型。相反，收入较低、家庭成员较多的农民更有可能成为在意 AES 合同里放入何种 GATs 的环境保护型农民。此外，对于环境保护型农户来说，他们比较在意农田环境质量，甚至认为保护农村环境是他们应该做的，或者说是有责任做的。

5.4 受偿意愿

表 5-5 给出了基于 LCM 模型利用式 3-7 和式 3-8 的 WTA 估计值及 95% 的置信区间。第 1 类农户（环境保护型农户）对于在 AES 合同里放哪种技术观点比较明确，他们倾向于测土配方施肥、生物农药和在村里培训。如果将这三项技术放入合同，那么政府可以比基础水平分别少补贴给他们 301.10、195.47 和 89.90 元/年/亩，即可让农户接受并使用这些技术。相对应来说，政府需要对农户不偏好的技术提供相应的适宜补贴。例如，如果让第 1 类农户在 AES 合同里采纳侧条施肥技术则需要额外提供 214.24 元/年/亩的补贴。要激励其使用绿肥还田技术、使用诱虫板需要分别额外补贴 260.23、133.00 元/年/亩。如果要让农户构建生态沟渠则每年每米需要额外补贴 16.58 元。结果显示，以种植绿肥代替小麦并还田的采纳阻碍性最高，符合我们的预期。不仅因为实施这项技术的成本，也与可能放弃一季小麦种植收入或作为口粮安全保障有关。

对于第 2 类农户（利益驱动型），除了偏好在当地村里参加技术指导与培训，只关心补偿额度高低。如果能在当地村里参加技术指导与培训，第 2 类农户愿意每年每亩少接受 136.70 元的补贴。相比之下，如果他们被要求在镇上参加技术指导与培训，其补偿额度必须每年每亩高 17.92 元，才能激励其签订 AES 合同。

表 5-4 潜在类别模型估计结果

变量	对数似然：-439.238 58			
	类别 1（34.90%）		类别 2（65.10%）	
	参与率 26.90%		参与率 48.11%	
	系数	标准误	系数	标准误
补贴额度	-0.007**	0.003	0.007***	0.002
测土配方施肥	2.156**	0.865	0.717	0.817
30%有机肥替代无机肥	-0.795	0.617	-0.803	0.637

（续表）

变量	对数似然：-439.238 58			
	类别1（34.90%）		类别2（65.10%）	
	参与率26.90%		参与率48.11%	
	系数	标准误	系数	标准误
侧条施肥	-1.534***	0.552	0.244	0.294
秸秆还田	0.779	0.552	0.191	0.500
绿肥还田	-1.863***	0.498	0.304	0.448
诱虫板	-0.952*	0.505	0.101	0.369
高效低毒生物农药	1.400***	0.482	0.240	0.319
生态沟渠长度	-0.119*	0.070	-0.058	0.036
田间技术培训	-0.175	0.545	0.002	0.335
村部技术培训	0.644**	0.320	0.999***	0.266
乡镇技术培训	0.875	0.618	-0.862**	0.335
性别	0.243	0.539		
年龄	0.014	0.027		
受教育程度	-0.152	0.449		
家庭收入	-0.218***	0.085		
家庭人口	0.334**	0.167		
劳动力人数	-0.479	0.305		
技术使用经历	-2.475	2.155		
耕地面积	0.115	0.215		
平均田块面积	0.074	0.329		
养殖情况	-0.323	0.495		
环境变化感知	0.017	0.173		
环境污染认知	-0.900	0.557		

注：* $p<0.1$，** $p<0.05$，*** $p<0.01$

表5-5 受偿意愿

变量	类别1（元/年/亩）			类别2（元/年/亩）		
	WTA	95%置信区间		WTA	95%置信区间	
测土配方施肥	-301.10	-722.62	120.42			
30%有机肥替代无机肥						

（续表）

变量	类别1（元/年/亩）			类别2（元/年/亩）		
	WTA	95%置信区间		WTA	95%置信区间	
侧条施肥	214.24	−47.28	475.76			
秸秆还田						
绿肥还田	260.23	23.54	496.92			
诱虫板	133.00	−24.94	290.94			
高效低毒生物农药	−195.47	−401.79	10.84			
生态沟渠长度	16.58	14.94	18.22			
田间技术培训						
村部技术培训	−89.90	−98.00	−81.80	−136.70	−159.45	−113.96
乡镇技术培训				117.92	96.51	139.34

5.5 讨论

本章研究了以江苏为代表的南方稻区小农户参与 AES 促进稻田农业采用低污染、低投入 GATs 的意愿。LCM 将受访者分为两个不同的类别。考虑到组内显示的农户偏好，我们将第 1 类受访者称为"环境保护型"农户，第 2 类受访者称为"利益驱动型"农户。最后，研究给出了农户偏好的技术，估计了他们的受偿意愿，并强调了影响其选择的因素。

最引人注目和有些出乎意料的结果是，第 1 类农户不会被高的补贴额度所激励，相反可能为了保护环境而付出，而且该类农户对应该采用哪种技术有明确的看法。这与第 2 类农户形成鲜明对比，他们似乎只关心补贴水平和技术指导与培训课程是在当地还是在城镇开设，而不关心将要实施的 AET 类型。本研究的结果与 Wilson 等（2000）在欧洲的研究结果一致，一些农民由于补贴原因没有被激励参与 AES，并且经常表现出强烈的生态环境保护主义态度。在 Wilson 等人（2001）的另一个研究中显示，英国的乡村管理计划普遍吸引了更多注重保护的农民，有助于改变农民对生态环境友好型农业实践的态度。我们的研究对象似乎也是如此，第 1 类农户认为他们有责任保护农田及其周围的环境，而不认为接受补贴在道德上是正确的。这也与 Martino 等人（2015）的研究发现是一致的，有些土地所有者重视环境的价值和重要性，重视当前和未来的环境保护。这类农户有时候不太可能接受货币激励，而且随着补贴水平的提高，拒绝参与的可能性也会增加。Pal 等（2015）认为，无偿的环境保护措施可能会增加一些农民的社会回报，而仅仅给予金钱回报的保护环境措施可能会产生相反的效果。也就是说，农民有内在的动机来改善他们农田及周围环境，而提供保护活动的报酬实际上可能会排挤这种动机。与"挤出假说"密切相关的是这种主张，即农民认为他们有责任保护环境，而不认为为此获得报酬在道德上趋向正义。另一种可能的解释是，本研究的受访农户可以从改善的日常劳作的农田环境中获得非金钱效益（Dupraz et al.，2003）。根据本研究的结果，建议政策管理者着重吸纳"环境保护型"农户，在我们的研究区域内，这些人是收入较低且家庭人口数较多的，可能是比较依赖农业的农户。Wilson 等（2001）指出，环境保护型农户的参与应该被视为 AES 有效性的一个重要指标。AES 的参与应该伴随着更多的教育目的，这将进一步有助于推动农民的环境保护意识，从单纯的被动参与者转变为主动参与者。

技术选择偏好方面主要关注第 1 类农户，因为第 2 类农户只要补贴足够高，并不在意让他们采用何种技术。第 1 类农户偏好测土配方施肥，何丹华等人（2017）的研究中受访者接受测土配方施肥技术的比例也比较高接近 70%。侧条施肥技术的施肥量仅仅是通常施肥水平的 70% 左右（段然 等，2013），而且肥料利用率能提高 20%，但是产量不会降低反而会提高 16%（扈艳萍 等，2005）。但是本书研究结果显示农户并不偏好这种技术。段然等（2013）指出，侧条施肥接受率低可能是因为侧条施肥机器不容易获得。政府应该加大对这类机器的补贴以及科研力度，价格过高的农机具农户支付不起。另一方面受偿意愿的结果也可以看出，与其他技术相比，侧条施肥技术农户所要求的补贴额度相对较高。虽然已有研究证实农民种植绿肥并将其还田，则无须施用基肥（水稻种植前施用的底肥），可减少 17.2% 的氮素流失，降低地表水的氮素浓度，同时平均作物产量提高 2.8%（赵冬 等，2015）。然而，本研究中受访农户强烈拒绝种植绿肥，不愿放弃一季小麦种植。在害虫防治方面，鉴于健康问题和食品安全问题，第 1 类农户喜欢使用高效低毒生物农药技术。这证实了王志刚等人（2012）的研究发现，农民采用生物农药的主要动机是它们对人类健康的危害小于化学农药。不过，目前尚不清楚这项技术是否会被大规模采用。变量"诱虫板"呈负相关。在我们的调研中，一些农民们表示这是一项很好的技术，但是当地的农资商店很少有诱虫板售卖。受访农户不喜欢生态沟技术，因为他们担心这种技术可能产生的不利影响，如在调查中，有受访者担心在排水沟中种植吸收氮和磷的植物可能会堵塞沟渠。以上的讨论表明，GATs 的推广并非易事，在农业清洁生产和农业环境保护工作上我们还有很长的路要走。

与预期相反，收入较高的农户有更大的可能性成为第 2 类农户（利益驱动型）。相反，收入较低的农户更有可能成为关注 AES 合同里实施何种类型 GATs 的环境保护型农民。低收入者更可能是依靠农业为主业的农民，因此他们重视农田的健康和价值。本研究的这一发现在 DEFRANCESCO 等（2008）的研究中也得到证实，对于意大利北部的农民来说，家庭总收入越高，他们越有可能是被动的参与者（相当于本研究的第 2 类农户），也越不可能是主动的参与者（相当于本研究的第 1 类农户）。然而，在家庭总收入中非农业收入比例的增加会对农户参与的积极性产生影响。Barrowclough 等（2018）的研究表明，家庭收入中随着非农业收入比例的增加农户选择环保型农业生产方式的可能性会增加。可见，农民家庭收入构成对其选择的影响是非常复杂的，有待进一步研究。另外，本书研究结果还显示家庭人口数较多的农民更有可能成为环境保护型农民。相反，家庭劳动力较少的更可能是利益驱动型的农民。打破传统的耕作模式，参与 AES 需要更多的劳动力和精力。此外，Defrancesco 等人（2008）和 Ruto 等（2009）研究认为，参与 AES 可能需要投入额外的劳动力和精力，而家庭劳动力少的农户管理所需的额外劳动可能会阻碍其参与 AES，需要更多劳动力投入的 AES 可能会降低农户的参与率。

综上所述，农户家庭收入的构成将影响其在环境友好型农业生产方式方面的行为。本研究在某种程度上证实了这一发现，因为收入较低的农民更有可能属于环境保护型农民。农户家庭收入构成对其 AES 选择集参与的影响有待进一步研究。值得进一步研究的另一个问题是邻近农民的潜在影响。在本研究的调研中,许多农户表示,如果村里其他农户参与 AES,那么他们也将参与进来。如果未来的研究证实了这一点,那么政策制定者也许可以利用"邻里效应"吸引更多的农民参与。

5.6 最佳 AES 方案创设

根据上文计量分析结果,本研究给出一套针对江苏稻作区的系统性且兼具激励和约束性质的最佳 AES 方案。该方案包括必选部分、可选部分、培训要求、补贴额度及其他要求共五部分,如表 5-6 所示。

表 5-6 江苏稻作区最佳 AES 方案

方案模块	技术与配套政策类别	具体可实施内容及要求	其他说明
绿色农业技术（必选部分）	化肥减量	测土配方施肥、30%有机肥替代无机肥、侧条施肥	优先推荐测土配方施肥
	农药减量	高效低毒生物农药、诱虫板	优先推荐生物农药
绿色农业技术（可选部分）	还田	绿肥还田、秸秆还田	可选可不选
	生态工程技术	生态沟渠	可选可不选
配套政策及其他要求	培训要求	村部技术培训、田间技术培训、乡镇技术培训	优先推荐村部技术培训,其次可在田间开展技术培训,慎选乡镇等远距离培训
	补贴额度	参考表 5-5 农户对每种技术的受偿意愿值以及当地条件进行计算,完成合同内容方可获得相应补贴	补贴合计
	其他要求	补贴发放、监督、合同年限及退出要求等	

绿色农业技术必选部分是易推广的技术,即政府主推、至少有一类农户表现出偏好的技术,主要涉及化肥减量和农药减量两大技术类别。由于农户在化肥、农药减施技术方面的偏好异质性,化肥减量技术的推荐顺序为测土配方施

肥、30%有机肥替代无机肥、侧条施肥，优先推荐测土配方施肥技术。农药减量技术推荐顺序为高效低毒生物农药、诱虫板，优先推荐高效低毒生物农药技术。

绿色农业技术可选部分是难推广的技术，即政府主推但两类农户均未表现出偏好的技术，主要包括还田类技术和生态沟渠技术。将难推广的技术列为可选内容，既能激励农户在多选多用多得补贴和不选不用不得补贴的博弈中，尽可能地选择并采纳实施，以实现自身利益最大化，又能达成政府生态环保初衷。因为农户在必选部分中选择采用绿色农业技术获得应得的补贴之后，若在可选部分进一步选择采用某一技术，可获得额外补贴。这样，采纳绿色农业技术的农户获得的生态补贴是层层递进的、累加的，优于传统"一刀切"的补贴标准。

配套政策及其他要求包括培训要求、补贴额度和其他要求三部分。其中，对于培训要求来说，基于上文计量分析结果，两类农户均对村部技术培训表现出显著的偏好，第2类农户不愿意去距离较远的乡镇参加技术培训。因此，根据本书研究结果，优先推荐村部技术培训，其次可在田间开展技术培训，慎选乡镇等远距离培训。对于补贴额度来说，按照农户所选方案内容计算相应补贴。具体而言，主要是参照对农户参与AES方案有显著影响的绿色农业技术与配套政策的受偿意愿，并结合当地补贴条件来具体计算方案补贴额度。至于其他要求，是指对于补贴发放、监督、方案执行合同年限及退出情形等的说明。

综上，最佳AES方案的创设是根据农户选择上的偏好来的，而且在农户选择实施方面有很大的灵活性，这是促进农户参与AES方案的关键因素。灵活性的设计不仅可以最大限度地提高农户参与率，激励农户采纳更多种类的绿色农业技术，而且还能将农户采纳技术种类、数量及要求与补贴额度直接挂钩。最终，通过签约形式实现对农户所选AES方案的督导约束，并保证绿色农业技术应用的可持续性。

5.7 小结

水稻生产中施用的过量化肥和农药通过地表径流排放是造成我国农田面源污染的重要原因，对生态环境系统构成直接威胁。本研究中的技术政策组合实际提供了一个综合的农田面源污染防治方案，它涉及农田内部（减少化肥农药投入和秸秆及绿肥还田）和农田周围及外部（生态沟渠和缓冲带，防止农田污染物进入外部环境）的综合防治措施。本案例将 GATs、技术指导与培训及相应的补贴利用 DCE 设计成几套 AES 合同供农户选择。在此基础上，利用 DCMs 系统地评估农户对特定 GATs 的偏好、异质性和相应的补偿要求。模型分析进一步强调了影响农民选择的社会经济因素。

潜在类别模型（LCM）将受访农户分为两类：环境保护型和利益驱动型。"环境保护型"农户不在意补贴额度愿意为环保付出，而且对各种技术的偏好比较明确。相比之下，"利益驱动型"农户只关心补贴额度和提供技术指导与培训的地点，而不关心让他们采纳使用何种技术，补贴是他们的关键驱动力。"环境保护型"农户不喜欢侧条施肥和诱虫板，因为这些技术不容易获得。出于技术考虑，他们不愿构建生态沟渠，担心该技术会堵塞排水沟。考虑到食品安全问题，农户希望用自己有限的粮食生产养活自己和家人，而绿肥还田技术会使得他们放弃一季的小麦种植而遭到排斥。但他们对生物农药表现出强烈的偏好。本研究认为"环境保护型"农户的参与应被视为 AES "有效性"的一个重要指标。在我们的研究中，这个群体只占大约 1/3 的受访者。因此，要改变农民的环境意识的提高及农田清洁生产似乎还有很长的路要走。

最后根据该区域研究结果，本研究还给出了江苏稻作区的最佳 AES 方案。方案包括必选部分、可选部分、培训要求、补贴额度及其他要求五部分。必选部分是政府主推、至少有一类农户表现出偏好的技术，优先推荐测土配方施肥技术和高效低毒生物农药技术；可选部分也是政府主推但两类农户均未表现出偏好的技术；培训要求优先推荐村部技术培训，其次可在田间开展技术培训，慎选乡镇等远距离培训；补贴额度主要参照对农户参与 AES 方案有显著影响的绿色农业技术与配套政策的受偿意愿，按照农户所选方案内容并结合当地补贴条件具体计算。其他要求包含补贴发放、监督、方案执行合同年限等的说明。最佳 AES 方案在技术推广、配套政策和补贴上可充分展示政府的主导性，又适应不同类别农户的偏好，兼具其选择的灵活性，最大程度地减少各类农户的反对意见，提高其参与率。此外，最佳 AES 方案可以将农户采纳技术种类、数量及要求与补贴额度直接挂钩。政府在这一过程中将发挥重要作用，本研究详细的案例研究可为控制种植业带来的农业面源污染设计有效的 AES 提供了一些初步证据。

第6章 黑龙江、宁夏稻作区案例分析

6.1 数据来源、变量及描述

本研究数据来源于2017年研究团队对宁夏回族自治区引黄灌区和黑龙江省松花江流域农户的问卷调查。宁夏回族自治区引黄灌区主要调查区域为青铜峡市，该市拥有"青铜峡大米"地理标志。黑龙江省松花江流域调查区域为方正县，该县是黑龙江省优质大米主产区之一，是"中国方正大米之乡""中国富硒稻米之乡"以及国家级水稻生产全程机械化示范县。本研究所选取的调查区域在粳稻单季稻主产区具有代表性。研究团队在宁夏回族自治区青铜峡市随机抽取2个乡镇，在每个样本乡镇随机抽取3个村，在每个样本村随机抽取8~10户农户展开调查；在黑龙江省方正县随机抽取2个乡镇，在每个乡镇随机抽取2个行政村，在每个样本村随机抽取3~5个屯，在每个屯随机抽取8~10户农户展开调查。最终，本研究获取195份有效问卷，其中宁夏56份，黑龙江139份。

在离散选择模型中，被解释变量为某方案是否被农户选中，如果被选中则变量取值为1，否则取值为0。解释变量为方案属性变量（表6-1）及农户特征变量（表6-2）。此外，加入特定备择常数 asc，当农户选择方案1或2时取值为1，选择退出时取值为0。asc 与农户特征变量交互项的回归结果可以反映不同特征农户在选择AES方案上的差异（俞振宁 等，2018）。

表 6-1　方案属性变量的说明及定义

AES 方案内容	属性	方案属性变量	变量定义及赋值
绿色农业技术	化肥减施技术	测土配方施肥	有 = 1, 无要求或退出 = 0
		侧条施肥	有 = 1, 无要求或退出 = 0
		30%有机肥替代无机肥	有 = 1, 无要求或退出 = 0
	秸秆还田技术	秸秆还田	有 = 1, 无要求或退出 = 0
	农药减施技术	诱虫板	有 = 1, 无要求或退出 = 0
		高效低毒生物农药	有 = 1, 无要求或退出 = 0
	生态沟渠技术	生态沟渠长度	连续变量, 无要求或退出 = 0
	生态缓冲带技术	生态缓冲带宽度	连续变量, 无要求或退出 = 0
配套政策	技术指导与培训	田间技术培训	有 = 1, 无要求或退出 = 0
		村部技术培训	有 = 1, 无要求或退出 = 0
		乡镇技术培训	有 = 1, 无要求或退出 = 0
	补贴额度	补贴额度	连续变量, 退出 = 0

农户特征变量的含义及描述性统计如表6-2所示。超过2/3的受访农户是男性，平均年龄超过45岁。农户受教育程度偏低，仅为初中以下水平。家庭总收入每年约为6万元，但农户间收入差距较大。农户家庭人口数通常为4人，约有一半从事农业活动。调查区域内，农户平均耕地面积为48.22亩，平均田块面积为12.48亩。户均耕地面积和平均田块面积差异均较大，这与黑龙江农户耕地面积和平均田块面积较大有关。受访农户以种植水稻为主，仅有不到20%的农户同时饲养牲畜。大多数农户认为农业生产会对环境造成影响，且约有70%的农户使用过一种或多种绿色农业技术。45.22%的农户认为近年来农田周围环境整体上有所改善，但这些改善主要是指田间道路、沟渠等的硬化改造，较少涉及更深层次的、实质性的农田面源污染防治方面的改善。

表 6-2　农户特征变量的描述性统计

农户特征变量	含义及赋值	均值	标准差
性别	受访者性别：男性 = 1, 女性 = 0	0.67	0.47
年龄	受访者年龄（岁）	47.70	9.75

（续表）

农户特征变量	含义及赋值	均值	标准差
受教育程度	受访者受教育程度：高中以上=4，高中=3，初中=2，小学及以下=1	1.88	0.61
家庭收入	家庭总收入（万元/年）	6.17	7.41
家庭人口	家庭总人口数（人）	3.98	1.28
劳动力人数	家庭中从事农业的人数（人）	2.16	0.79
耕地面积	家庭所经营的耕地总面积（亩）	48.22	83.71
平均田块面积	平均田块面积（亩）	12.48	17.65
养殖情况	受访户是否饲养牲畜：是=1，否=0	0.20	0.40
技术使用经历	受访户之前是否使用过绿色农业技术：是=1，否=0	0.69	0.46
环境变化感知	受访者对近几年农田周围环境整体变化的感知：提升很大=7，明显提升=6，有提升的迹象=5，无变化=4，有退化迹象=3，明显退化=2，严重退化=1	3.88	1.56
环境污染认知	受访者是否认为农业生产会对环境造成影响：是=1，否=0	0.68	0.47

6.2 农户选择偏好及异质性检验

本研究在混合 Logit 模型的估计过程中假设补贴额度和方案属性变量的系数分布为正态分布。表6-3给出了混合 Logit 模型的估计结果，系数均值的显著性及方向表示农户整体对 AES 方案中属性的选择偏好：系数为正，说明农户偏好于这种技术；系数为负，则表示农户不偏好这种技术，或者说将该技术放入 AES 方案会阻碍农户签订合同，除非给予补贴。此外，混合 Logit 模型假设农户偏好系数具有连续的分布而不是恒定不变的常数，方案属性变量系数的标准差可以反映系数的离散程度，那么农户偏好异质性则可以通过方案属性变量系数的标准差及其显著性得到检验。

表6-3的计量结果显示，将测土配方施肥技术放入 AES 方案对农户的参与有显著的正向影响。但是，测土配方施肥技术和侧条施肥技术的系数标准差显著，说明农户偏好存在异质性。农户普遍对秸秆还田、高效低毒生物农药、

生态沟渠和生态缓冲带技术持消极态度。30%有机肥替代无机肥、诱虫板、村部技术培训和乡镇技术培训的系数的均值和标准差在统计上均不显著。这表明，将上述两种技术与两种培训加入 AES 方案对农户参与的影响不大。田间技术培训变量显著且系数为正，说明农户比较偏好于在田间接受现场技术培训。就补贴额度而言，提供的补贴额度越高，农户的参与率越高，但也存在偏好异质性。此外，农户特征变量的估计结果显示，受教育程度越高以及家庭收入越高的农户选择参与 AES 方案的可能性就越大。Duke et al.（2012）的研究结果也表明，受访者受教育程度的提高往往会增加其参与 AES 方案的可能性。

由此可见，农户的选择偏好受到 AES 方案属性变量的显著影响，且存在异质性。此外，相较于农户特征变量，方案属性变量是影响农户参与的重要因素。

表 6-3 混合 Logit 模型估计结果

	系数均值		系数标准差	
	回归系数	标准误	回归系数	标准误
方案属性变量				
测土配方施肥	0.722**	0.354	-1.254**	0.497
侧条施肥	0.258	0.352	1.638***	0.368
30%有机肥替代无机肥	0.280	0.418	0.982	0.633
秸秆还田	-0.652**	0.290	0.525	0.431
诱虫板	0.380	0.366	0.631	2.628
高效低毒生物农药	-1.095***	0.418	-0.690	0.621
生态沟渠长度	-0.060***	0.015	0.006	0.028
生态缓冲带宽度	-0.521*	0.296	0.170	0.520
田间技术培训	1.169***	0.337	0.751	0.494
村部技术培训	0.218	0.258	0.526	0.992
乡镇技术培训	-0.185	0.353	-0.012	0.536
补贴额度	0.012***	0.003	0.010***	0.003
农户特征变量				
性别×asc	-0.513	0.751		
年龄×asc	-0.016	0.025		

(续表)

	系数均值		系数标准差	
	回归系数	标准误	回归系数	标准误
受教育程度× asc	1.263**	0.610		
家庭收入× asc	0.246*	0.131		
家庭人口× asc	0.183	0.278		
劳动力人数× asc	-0.188	0.506		
耕地面积× asc	0.003	0.017		
平均田块面积× asc	0.005	0.042		
养殖情况× asc	-0.335	0.863		
技术使用经历× asc	0.729	0.703		
环境变化感知× asc	0.007	0.227		
环境污染认识× asc	-1.318	0.838		
样本观测值	2508			
对数似然值	-624.438			
Prob> chi2	0.000			
卡方检验值（12）	64.420			

注：***、**和*分别表示1%、5%和10%的显著性水平。

6.3 农户偏好异质性及其规律

前文混合 Logit 模型验证了个体间偏好异质性的存在，潜在类别模型可进一步识别受访者的偏好异质性，并将相同偏好的农户划分为同一类别。但潜在类别模型达到最优估计的分类结构需要提前确定，一般参照三个标准：AIC 准则、BIC 准则和 CAIC 准则。本研究计算了将农户分为 2~8 类时 AIC、BIC 和 CAIC 的值，其中，AIC 的最小估计值在第 7 类，BIC 和 CAIC 的最小估计值均在第 2 类。有学者指出，依据 AIC 的最小估计值，将受访者分为更多类别时模型才能达到最优估计（Scarpa et al.，2007）。但是，考虑到 AES 方案制定的复杂性和政策实施的成本，本研究以 BIC 和 CAIC 的最小估计值为参考将农户分为 2 类。

本研究以第 2 类农户的特征为参照，得到第 1 类农户特征变量的估计结果。潜在类别模型完整估计结果如表 6-4 所示。

表 6-4 潜在类别模型的估计结果

变量	第 1 类农户（体力节约型）		第 2 类农户（时间节约型）	
	回归系数	标准差	回归系数	标准差
方案属性变量				
测土配方施肥	0.655**	0.298	1.420***	0.470
侧条施肥	0.079	0.293	1.742***	0.530
30%有机肥替代无机肥	-0.497	0.349	3.668***	0.825
秸秆还田	-0.666***	0.226	2.275***	0.800
诱虫板	0.259	0.378	2.329***	0.821
高效低毒生物农药	-2.640***	0.608	3.850***	1.133
生态沟渠长度	-0.077***	0.012	0.040	0.025
生态缓冲带宽度	0.381	0.246	-1.952***	0.609
田间技术培训	1.567***	0.298	-1.871**	0.753
村部技术培训	0.691***	0.244	-0.858*	0.521
乡镇技术培训	-0.424	0.336	-1.512**	0.606
补贴额度	0.011***	0.001	0.014***	0.003
农户特征变量				
性别	-2.284***	0.788		
年龄	0.042	0.026		
受教育程度	-0.328	0.449		
家庭收入	-0.048	0.073		
家庭人口	0.103	0.211		
劳动力人数	0.102	0.362		
耕地面积	0.001	0.008		
平均田块面积	0.001	0.015		
养殖情况	0.779	0.657		
技术使用经历	-0.539	0.525		
环境变化感知	-0.179	0.158		
环境污染认识	-0.054	0.518		

(续表)

变量	第1类农户（体力节约型）		第2类农户（时间节约型）	
	回归系数	标准差	回归系数	标准差
各类别农户占比（%）	0.565		0.435	
各类别农户参与率（%）	0.451		0.496	
样本观测值	2 508			
对数似然值	−638.283			
AIC	1 350.565			
CAIC	1 508.666			
BIC	1 471.666			

注：***、**和*分别表示1%、5%和10%的显著性水平。

由表6-4结果可见，第1类农户占受访者总数的56.5%，第2类农户占比43.5%。两类农户选择参与AES方案的平均概率差距不大，分别为45.1%和49.6%，与国外同类研究相比属较高水平。在Schulz et al.（2014）的研究中受访者被分为2类，第1类受访者的AES方案参与率为54.00%，第2类受访者的AES方案参与率极低，只有3.3%。Permadi et al.（2017）的研究将受访者分为4类，其中第1类和第3类受访者的AES方案参与率分别为88.0%和65.0%，而第2类和第4类农户的AES方案参与率分别低至0和6.0%。上述研究中均存在抵制参与的农户类别。相比之下，本研究中两类农户参与率均属于较高水平，且没有出现国际案例中参与率极低和抵制参与的情形。此外，本研究中，补贴额度越高，两类农户参与AES方案的概率越大。补贴是农户参与的重要驱动力（Christensen et al.，2011），尤其是对于让其采纳复杂的绿色农业技术的情形（Herzele et al.，2013）。以上研究结果表明，AES方案在国内推行的可行性较高。

此外，农户对绿色农业技术与配套政策的选择偏好因类别而异。测土配方施肥、侧条施肥、30%有机肥替代无机肥、秸秆还田、诱虫板和高效低毒生物农药6种技术，均对第2类农户的参与有显著的正向作用。相较于第2类农户，测土配方施肥对第1类农户的参与有显著的正向影响，而侧条施肥和30%有机肥替代无机肥的影响均不显著。秸秆还田和高效低毒生物农药技术对第1

类农户的参与具有显著的负向影响，这与第2类农户的偏好完全相反。这表明，如果将秸秆还田和高效低毒生物农药两个技术放到AES方案中，虽然会吸引第2类农户参与，但会显著地抑制第1类农户参与。生态沟渠技术对第1类农户的参与有显著的负向影响，而生态缓冲带技术对第2类农户的参与有显著的负向影响。这说明，这两项技术无论是哪一项被放到AES方案，都会降低其中一类农户的参与率。可见，生态沟渠和生态缓冲带技术推广难度较大，需要注重补贴激励。对第1类农户来说，田间技术培训和村部技术培训显著且系数为正，说明该类农户偏好于在田间和村部参加技术培训。相较而言，第2类农户对所有形式的培训均不偏好。可见，绿色农业技术与配套政策对农户AES方案参与行为的影响很大。Raina et al.（2021）也指出，方案属性可能比补贴更重要。以上结果表明：方案属性变量是农户AES方案参与行为的主要影响因素；更值得注意的是，农户对绿色农业技术的偏好异质性应是AES方案创设过程中需要考虑的重要因素。

与此同时，潜在类别模型还估计了农户特征变量对农户参与AES方案的影响。所有农户特征变量中只有性别显著且系数为负。这说明，相对于第2类农户，女性农户有更大概率被划分到第1类。第1类农户偏好的技术较少，但不能因此将第1类农户简单定义为不积极参与的农户，因为他们的参与率与第2类农户基本持平，且参与技术指导与培训的意愿很强。近年来，妇女在农业劳动力中所占的比例增加，在中国某些地区，妇女甚至能占到农业劳动力的70%~80%（Smith and Siciliano，2015）。女性受生理因素限制，倾向于参与劳动强度较低的农事活动，力量不足是女性在农业生产过程中面临的首要困难（吴惠芳和饶静，2009）。第2类农户中男性居多，他们有足够的体力实施绿色农业技术，对化肥减施、秸秆还田和农药减施等技术的采纳意愿均较强。但是，如果要求男性农户采纳生态缓冲带技术和参加技术培训，则需要给予他们补贴激励。原因可能包括以下两个方面：一方面，田间预留生态缓冲带会占用农地面积从而减少种植收益；另一方面，无论参加何种形式的培训都会占用他们的农闲时间进而影响外出务工。在中国，大田粮食作物的收益不足以支撑整个家庭的生活消费，承担更大养家责任的男性农户需要更多时间外出兼业以获得更多收入（Rao et al.，2012）。综上所述，第 1 类农户主要以女性为主，偏好省力的农事活动；第 2 类农户主要以男性为主，需要兼顾非农务工实现增收，偏好省时的农业实践。此外，北方农户经营耕地总面积及平均田块面积较大，如果实施绿色农业技术必然要投入更多的劳动力和时间，这可能是主导这一分类的重要因素。因此，根据两类农户的偏好及特征，本研究将第 1 类农户定义为以女性为主的"体力节约型"农户，将第 2 类农户定义为以男性为主的"时间节约型"农户。

潜在类别模型估计结果表明，在绿色农业技术推广及 AES 方案推行的过程中，需要考虑两个方面：一是要考虑农户对绿色农业技术与配套政策的偏好及异质性，以最大限度地减少农户的反对意见；二是要着重考虑技术实施所需要的劳动力、时间和补贴。

6.4 基于偏好异质性的农户受偿意愿计算

本研究根据潜在类别模型的估计结果，从 AES 方案所包含具体属性的角度，按农户偏好异质性计算出差异化且更具针对性的受偿意愿。受偿意愿根据式（5）计算，置信区间利用式（6）和式（7）计算，两类农户受偿意愿计算结果如表 6-5 所示。由于偏好异质性的存在，两类农户对每种绿色农业技术以及不同培训方式所要求的受偿意愿也不同。对于农户偏好的技术，即使政府补贴额度低，农户也愿意采用；对于农户非偏好的技术，政府给予农户较高的补贴激励就显得尤为重要（Raina et al.，2021）。

第 1 类是以女性为主的体力节约型农户，她们偏好劳动强度较低的测土配方施肥技术，且愿意付出时间参加在田间或者村部开展的技术培训。因此，如果上述三项被放入 AES 方案，则农户愿意为此分别放弃 60.53 元/亩、144.83 元/亩和 63.92 元/亩的补偿，即可签订保护合同。相反，对于第 1 类农户非偏好的秸秆还田、高效低毒生物农药和生态沟渠技术，只有分别满足其 61.54 元/亩、244.08 元/亩和 7.07 元/亩的受偿意愿他们才愿意采纳这些技术。

第 2 类是以男性为主的时间节约型农户，他们不愿意付出时间参加任何形式的技术培训,对于接受田间、村部和乡镇三种技术培训方式的受偿意愿分别为 133.13 元/亩、61.02 元/亩和 107.61 元/亩。另外,第 2 类农户不愿意在田间预留生态缓冲带,只有满足其 138.91 元/亩的受偿意愿他们才愿意在田间预留缓冲带。其余大多数技术(例如测土配方施肥、侧条施肥、30%有机肥替代无机肥、秸秆还田、诱虫板和高效低毒生物农药)都很容易推进,第 2 类农户愿意为采纳其偏好的这些技术而放弃 101.05~273.97 元/亩不等的补偿。

表 6-5 受偿意愿计算

	第 1 类农户			第 2 类农户		
	受偿意愿	95% 置信区间		受偿意愿	95% 置信区间	
测土配方施肥	-60.53	-129.95	8.88	-101.05	-223.21	21.12
侧条施肥	—	—	—	-123.98	-208.17	-39.78
30%有机肥替代无机肥	—	—	—	-260.97	-377.42	-144.51
秸秆还田	61.54	21.22	101.87	-161.87	-275.26	-48.49
诱虫板	—	—	—	-165.73	-255.20	-76.27
高效低毒生物农药	244.08	142.94	345.21	-273.97	-450.95	-96.98
生态沟渠长度	7.07	6.61	7.53	—	—	—
生态缓冲带宽度	—	—	—	138.91	76.73	201.09
田间技术培训	-144.83	-154.94	-134.72	133.13	67.39	198.87
村部技术培训	-63.92	-70.88	-56.95	61.02	24.83	97.22
乡镇技术培训	—	—	—	107.61	54.27	160.95

注:"—"表示该变量在潜在类别模型的估计结果中不显著,在受偿意愿的计算中不予体现。

对比国内外相关研究,大多学者从化肥农药减量的整体角度计算受偿意愿,且受偿意愿在不同研究之间差距较大。在吕悦风等(2019)的研究中,农户减少化肥施用量至参考量的受偿意愿为 58.83 元/亩。关海波等(2022)的研究结果显示,玉米种植户对减少 50%化肥施用量的受偿意愿区间为 218.00~452.57 元/亩。Beharry-Borg et al.(2013)的研究结果显示:化肥施用量减少 25%,受访者受偿意愿为 29.45 元/亩,化肥施用量减少 50%,其受偿意愿为 38.84 元/亩;农药减量 50%,其受偿意愿为 335~563.73 元/亩。栾若芳等(2021)认为,化肥农药两项减量 50%,农户受偿意愿为 109.35

元/亩。Bennett et al.（2018）的研究表明，目标农药使用量减少1%，江苏省盐城市农户的受偿意愿为0.76元/亩。Lapierre et al.（2023）计算了禁止除草剂使用时受访者的受偿意愿为112.71元/亩。相比之下，本研究针对具体技术并结合农户偏好异质性，给出更加细致的受偿意愿。例如，对于测土配方施肥技术，由于两类农户的偏好不同，第1类农户愿意为采纳自己偏好的技术放弃60.53元/亩的补偿，而第2类农户则愿意放弃101.05元/亩的补偿。而对于生物农药技术，第1类农户的受偿意愿为244.08元/亩，而第2类农户则因为偏好此技术，即使放弃273.97元/亩的补偿也愿意采纳该技术。对比发现，现有研究中秸秆还田的受偿意愿计算结果较为一致。有研究认为，安徽省和山东省农户对小麦、水稻秸秆还田的平均受偿意愿分别为55.98元/亩和66.38元/亩（许月艳 等，2018），黑龙江省农户对农作物秸秆还田的平均受偿意愿在40.00~80.00元/亩之间（李国志，2018）。本研究中，第1类农户秸秆还田的受偿意愿为61.54元/亩，与国内研究结果相近，而第2类农户由于偏好该技术，愿意为采纳该技术放弃161.87元/亩的补偿。

6.5 最佳AES方案创设

根据上文计量分析结果，本研究创设出一套系统性的、兼具激励和约束性质的最佳AES方案。该方案包括必选部分、可选部分、培训要求、补贴额度及其他要求共五部分，如表6-6所示。

表6-6 黑龙江、宁夏稻作区最佳AES方案

方案模块	技术与配套政策类别	具体实施内容及要求	其他说明
绿色农业技术（必选部分）	化肥减量	测土配方施肥、侧条施肥	二选一
	土壤有机质提升	30%有机肥替代无机肥、秸秆还田	二选一
	农药减量	诱虫板、高效低毒生物农药	二选一
绿色农业技术（可选部分）	生态工程技术	生态沟渠	可选可不选
		生态缓冲带	可选可不选

（续表）

方案模块	技术与配套政策类别	具体实施内容及要求	其他说明
配套政策及其他要求	培训要求	田间技术培训、村部技术培训、乡镇技术培训	三选一
	补贴额度	参考表6-5农户对每种技术的受偿意愿值以及当地条件进行计算，完成合同内容方可获得相应补贴	补贴合计
	其他要求	补贴发放、监督、合同年限及退出要求等	

绿色农业技术必选部分是易推广的技术，即政府主推、至少有一类农户表现出偏好的技术，主要涉及化肥减量、土壤有机质提升和农药减量三大技术类别。由于农户在化肥、农药减施技术方面的偏好异质性，可以将测土配方施肥和侧条施肥、诱虫板和高效低毒生物农药的选择设计为灵活的"二选一"。笔者在调查中发现，秸秆还田存在尚未腐熟的秸秆在稻田灌水时漂起的现象，从而影响水稻幼苗生长。本研究认为，在实际农业生产中可将30%有机肥替代无机肥划为土壤有机质提升技术，作为秸秆还田的有效补充。全国已有禁止秸秆焚烧的政策，本研究将秸秆还田技术纳入土壤有机质提升技术，与30%有机肥替代无机肥技术并列，作为二选一放入必选部分也是合适的。这样，三大技术类别中每一类有两种技术可供选择，在吸引第2类农户参与AES方案的同时，也不会阻碍第1类农户参与。这既充分展示政府的主导性，又兼具选择的灵活性。

绿色农业技术可选部分是难推广的技术，即政府主推但两类农户均未表现出偏好的技术，主要包括生态沟渠和生态缓冲带这类生态工程技术。将难推广的技术列为可选内容，既能激励农户在多选多用多得补贴和不选不用不得补贴的博弈中，尽可能地选择并采纳实施，以实现自身利益最大化，又能达成政府生态环保初衷。因为农户在必选部分中选择采用绿色农业技术获得应得的补贴之后，若在可选部分进一步选择采用某一生态工程技术，可获得额外补贴。这样，采纳绿色农业技术的农户获得的生态补贴是层层递进的、累加的，优于传统"一刀切"的补贴标准。

配套政策及其他要求包括培训要求、补贴额度和其他要求三部分。其中，对于培训要求来说，基于上文计量分析结果，第 1 类农户更倾向于在离家较近的田间或村部接受技术培训。但是，在现实中不能排除因为有补贴而愿意去距离较远的乡镇参加技术培训的农户。因此，可将田间技术培训、村部技术培训和乡镇技术培训并列，作为三选一纳入培训要求的选项。对于补贴额度来说，按照农户所选方案内容计算相应补贴。具体而言，主要是参照对农户参与 AES 方案有显著影响的绿色农业技术与配套政策的受偿意愿，并结合当地补贴条件来具体计算方案补贴额度。至于其他要求，是指对于补贴发放、监督、方案执行合同年限及退出情形等的说明。

综上，最佳 AES 方案在创设与农户选择上有很大的灵活性，这是促进农户参与 AES 方案的关键因素。灵活性的设计不仅可以最大限度地提高农户参与率，激励农户采纳更多种类的绿色农业技术，而且还能将农户采纳技术种类、数量及要求与补贴额度直接挂钩。最终，通过签约形式实现对农户所选 AES 方案的督导约束，并保证绿色农业技术应用的可持续性。

6.6 小结

本研究以宁夏回族自治区引黄灌区和黑龙江省松花江流域问卷调查为基础，利用混合 Logit 模型和潜在类别模型深入挖掘农户对绿色农业技术与配套政策的选择偏好、异质性及其规律，计算了偏好异质性视角下农户的受偿意愿，并根据计量分析结果创设最佳 AES 方案。本章的主要结论如下。

第一，混合 Logit 模型结果显示，农户整体偏好测土配方施肥技术与田间技术培训，而对秸秆还田、高效低毒生物农药、生态沟渠和生态缓冲带四种技术持消极态度。该模型结果还显示，农户受教育程度越高、家庭收入越高，他们选择参与 AES 方案的概率就越大，即农户人力资本水平对其参与 AES 方案有显著的正向影响。

第二，潜在类别模型结果进一步揭示，依照农户个体偏好可将农户分为以女性为主的体力节约型和以男性为主的时间节约型两大类别，其占比分别为

56.50%和43.50%。上述两类农户的AES方案参与率分别为45.11%和49.59%，与国际同类研究结果相比属于较高水平。究其原因，政策性补贴是促使两类农户积极参与AES方案的重要驱动力。

第三，绿色农业技术与配套政策是农户参与AES方案的主要影响因素。对于体力节约型农户，显著吸引其参与AES方案的是测土配方施肥、参加田间与村部技术培训，而秸秆还田、高效低毒生物农药和生态沟渠对其参与AES方案有显著的负向影响。对于时间节约型农户，显著吸引其参与AES方案的是测土配方施肥、侧条施肥、30%有机肥替代无机肥、秸秆还田、诱虫板和高效低毒生物农药，生态缓冲带技术和三种培训均对其参与AES方案有显著的负向影响。

第四，因农户对AES方案的选择偏好不同，其受偿意愿存在很大差异。本研究根据农户偏好异质性计算出差异化且更具针对性的受偿意愿。对于两类农户偏好的技术，即便放弃一部分补偿他们也愿意采用这些技术；而对于两类农户非偏好的技术，政府需给予农户更高的补贴激励。

最终，本研究创设了最佳农业环境计划方案，方案包括必选部分、可选部分、培训要求、补贴额度及其他要求五部分。必选部分是政府主推、至少有一类农户表现出偏好的技术；可选部分也是政府主推但两类农户均未表现出偏好的技术；培训要求是将田间技术培训、村部技术培训和乡镇技术培训并列纳入作为三选一；补贴额度主要参照对农户参与AES方案有显著影响的绿色农业技术与配套政策的受偿意愿，按照农户所选方案内容并结合当地补贴条件具体计算。其他要求包含补贴发放、监督、方案执行合同年限等的说明。最佳AES方案在技术推广、配套政策和补贴上可充分展示政府的主导性，又适应不同类别农户的偏好，兼具其选择的灵活性，最大程度地减少各类农户的反对意见，提高其参与率。此外，最佳AES方案可以将农户采纳技术种类、数量及要求与补贴额度直接挂钩。

第7章 全国整体情况分析及区域对比

7.1 描述性统计

本章的内容一方面将全部调研样本作为整体进行分析，以期观测全国水稻生产实践中农户对GATs、技术服务（技术指导与培训）和补贴的选择偏好与愿望，另一方面也拟与前面北方稻区和南方稻区农户研究结果进行对比分析。

首先，对全国整体情况（N=332）进行描述性统计见表7-1。男女比例接近1比1。农户的平均年龄相对较高（53.73岁），受教育程度非常低，有超过90%的农户为初中及以下学历。家庭年平均年收入5.38万元，但标准差显示收入差距较大。平均每个家庭的农业劳动力为2人，持有耕地总面积为2.01公顷，平均地块面积只有0.54公顷，表明农户耕地面积小，地块分散。此外，在受访农户中，纯水稻种植户占69.29%，兼业养殖的有30.71%。近80%的被调查者表示他们曾使用过GATs。43.93%的农户认为他们农田周围的环境在最近几年有所改善，而36.26%的农民认为农田周围环境恶化。大多数受访者（55.56%）认为农业生产会对环境质量造成影响。以上反映了我国农业的现状，即土地规模小、支离破碎，农民收入低、文化程度低。大部分受访农户使用过GATs并且认为农业生产会对环境质量造成影响。本研究统计了农户曾经使用过哪种或哪几种GATs，按照被提及的频次由高到低为：秸秆还田、测土配方施肥、使用有机肥、生物农药、侧条施肥。此外，仅有1~2户农户提及生态沟渠、缓冲带和绿肥还田技术，没有农户回答使用过诱虫板。

其次，对比前两章关于北方稻区和南方稻区案例研究结果发现如下。

①北方农户分类特征为"劳动节约型"和"时间节约型"。北方农户持有耕地总面积（3.21公顷）及平均田块面积（0.83公顷）远远大于南方农户持有耕地总面积（0.18公顷）及平均田块面积（0.10公顷）。这一点或许是导致北方农户分类特征的重要因素。

②南方农户分类特征为不在意补贴额度反而对推广技术种类有明确态度的"环境保护型"和仅在乎补贴额度和技术指导与培训地点的"利益驱动型"。描述统计对比可知，96.88%的南方农户表示曾使用过GATs，这一比例远远大于北方农户的69.14%。曾经使用过GATs的经验使得农户知道农业绿色发展的益处，并且让农户能够分辨哪种技术适用于本地。

③整体来看，北方农户参与AES的概率要稍微高于南方农户。而描述性统计显示，北方农户认为周围环境恶化和认为农业生产会影响环境质量的比例要远远高于南方农户。可见农户对环境各方面的认知会影响AES参与率。

表7-1 描述性统计

社会经济变量	解释及赋值	统计值	全国
性别	性别（女性=0；男性=1）	% of 0	46.97
		% of 1	53.03
年龄	受访者年龄（年）	Mean (SD)	53.73 (12.79)
受教育程度	教育水平（小学及以下=1；初中=2；高中=3；高中以上=4）	% of 1	35.40
		% of 2	55.27
		% of 3	8.67
		% of 4	0.65
家庭收入	家庭总收入（万元/年）	Mean (SD)	5.38 (6.47)
劳动力人数	家庭中从事农业的人数（人）	Mean (SD)	2.05 (0.82)
耕地面积	家庭耕地总量（公顷）	Mean (SD)	2.01 (4.59)
平均田块面积	平均田块面积（公顷）	Mean (SD)	0.54 (0.98)
养殖情况	是否养殖（不养殖=0；养殖=1）	% of 0	69.29
		% of 1	30.71
技术使用经历	之前是否用过环境友好型技术（没用过=0；用过=1）	% of 0	22.40
		% of 1	77.60

（续表）

社会经济变量	解释及赋值	统计值	全国
环境变化感知	近几年周围环境的变化（严重退化=1；明显退化=2；有退化迹象=3；无变化=4；有提升的迹象=5；明显提升=6；提升很大=7）	% of 1	3.03
		% of 2	15.82
		% of 3	17.41
		% of 4	19.80
		% of 5	20.16
		% of 6	20.01
		% of 7	3.76
环境污染认知	农业生产是否对环境有影响（没有=0；有=1）	% of 0	44.44
		% of 1	55.56

7.2 潜在类别模型

从南北稻区案例研究已经揭示各区域农户选择偏好异质性均存在，不必再MXL模型验证。这里，直接利用LCM分析全国农户的选择偏好及分类情况。可以得到不同类别LCMs收敛时的AIC，CAIC和BIC值（表7-2），即取最小值时的模型。AIC，CAIC和BIC的最小值分别出现在6、2、3类。第一，简单性原则选择2类或者3类。第二，CAIC和BIC的在2类和3类里非常接近，但当分类增加到四个，CAIC和BIC的值会大幅度上升，说明分类不宜超过三组。第三，值得注意的是，类数从2到3的AIC减小值明显高于从3到4的减小值，这表明从2到3增加一个类将显著的改进模型效果，但超过3则不会。综上所述，最终我们选取三个类别。

表7-2 不同类别LCMs收敛时的AIC，CAIC和BIC值

类别数	对数似然函数值	AIC	CAIC	BIC
2	−1 164.045	2 404.091	2 586.686	2 548.686
3	−1 082.765	2 291.53	2 594.253	2 531.253
4	−1 042.667	2 261.334	2 684.186	2 596.186

（续表）

类别数	对数似然函数值	AIC	CAIC	BIC
5	-1 021.053	2 268.106	2 811.086	2 698.086
6	-985.4385	2 246.877	2 909.986	2 771.986

由 LCM 模型分析（表 7-3）可知，受访农户 GATs 的选择偏好分为三个不同的类，个体特征变量以第 3 类农户为参照。大部分（58.40%）的农户被分到第一类，其次是第三类占 30.20%，最小的是第二类农户占 11.40%。第一类农户选择参与 AES 的平均概率为 47.17%，第 2 类农户参与率最低为 19.80%，第三类农户的 AES 参与率基本与第一类农户持平为 47.23%。三类农户对补偿金 P 持不相同观点，第一类和第三类农户来说 P 均为正向显著，说明补贴水平越高越可以激励这两类农户参与。但是第二类农户 p 不显著，即补贴额度的高低并不能激励此类农户参与。

之前对南北稻区受访农户单独分析时，各区域农户表现出了较为明显的区域差异。详细见 7.1 的对比分析。持有耕地面积和平均田块面积的巨大差异使得北方农户以劳动力和时间投入为分类特征，而南方人均耕地面积较小且细碎这两个因素不是分类主导原因。反而，南方农户表示曾经使用过 GATs 的概率远远高于北方农户，这一因素是导致南方农户分类的重要原因。使得南方农户有一小部分人对这些技术有明确的态度，并可以在没有补贴的情况下采纳技术。但是，南方农户的参与率稍微低于北方农户，可能与北方农户认为周围环境恶化和认为农业生产会影响环境质量的比例要远远高于南方农户有关。表明使用过 GATs 的农户，有一少部分会成为坚定的"环境保护型"农民，但是是否参与环境友好型农业实践活动跟农户自身对环境的认知有很大关系。

但是，当把全国农户数据整合在一起的时候，这些可能由区域特征为主导带来的分类结果就不那么明显，得到的是一种均衡的整体对 GATs 的态度而带来的分类结果。

首先，第一类农户参与 AES 的意愿极显著的受到补贴额度的激励，且参与率比较高。能显著性影响其参与的技术里面，绝大多数给出了正向积极的接纳态度如测土配方施肥、侧条施肥、绿肥还田、诱虫板以及缓冲带。除了排斥去镇上参加技术指导与培训外,没有表现出对其他技术的排斥。其次,第三类农户参与 AES 的意愿也极显著的受到补贴额度的激励,且参与率也比较高,这两点跟第一类农户一致。此类农户偏好的技术也比较多,有测土配方施肥、30%有机肥替代无机肥、秸秆还田、生物农药、在田间参加技术指导与培训以及在村里参加技术指导与培训。但是他们给出的排斥的技术较第一类农户多,包括绿肥还田、生态沟渠、缓冲带以及去镇上参加技术指导与培训。最后,第二类农户,不会被补贴额度激励,而且参与率远远低于第一类和第三类农户。他们没有偏好的技术,反而给出了一些排斥的态度,例如秸秆还田、绿肥还田和生态沟渠。可将这类农户归为不被补贴所吸引,也没有喜欢的技术,反而会排斥一些技术。第二类农户参与 AES 的可能性极低。根据各类农户的偏好特征,将第一类农户命名为"先锋采纳型",第二类农户命名为"高抗采纳型",第三类农户命名为"积极采纳型"。

从各类别农户的社会经济变量特征分析来看,收入高、不养殖以及曾经用过 GATs 的农户有更大的可能性被分到第一类,持有耕地少且不养殖的农户更大的可能性属于第二类,而养殖户大部分都被分到了第三类。描述性统计得知家里有养殖的农户占受访农户总数的 30.71%,而第三类农户占农户总数的 30.20%这可以侧面验证第三类农户家里有养殖的居多的推论。因此,可以推断得出,第一类农户主要专注种植、曾用过一种或者多种 GATs 且收入较高,第二类农户虽然也从事农业生产但是耕地少不养殖,所以该类农户主业不是农业,也侧面呼应了参与意愿最低的模型结果。

7.3 受偿意愿

由于第二类农户没有偏好的技术,仅仅给出了排斥的技术,而且参与的可能性极低,因此其 WTA 的计算没有太大的参考性意义。表7-4 仅给出了第一类和第三类农户对不同 GATs(只显著的纳入)的 WTA。WTA 的估计值根据 LCM 的结果。

对于第一类农户偏好的 GATs,测土配方施肥、侧条施肥、绿肥还田、诱虫板,可以每年每亩分别少补贴 116.48 元、171.91 元、230.74 元、161.34 元,而对于缓冲带技术则每年每米宽度少补贴 110.85 元。如果让第一类农户去镇上参加技术指导与培训,那么跟基准水平相比,每年每亩需补贴他们 145.19 元。第三类农户喜欢测土配方施肥、30%有机肥替代无机肥、秸秆还田、生物农药、在田间参加技术指导与培训以及在村里参加技术指导与培训,补贴额度相对于基准来说可以每年每亩分别少 32.91 元、29.35 元、24.28 元、34.95 元、37.47 元和 87.53 元。对于他们排斥的技术,如让其采纳绿肥还田技术则需要每年每亩多补贴 225.04 元。构建每米的生态沟渠则需要每年多补贴 1.77 元,每预留 1 米宽的缓冲带则要补贴 67.22 元/每年。若让第三类农户去镇上参加技术指导与培训,需要补贴 24.70 元每年/每亩。

表 7-3 潜在类别模型估计结果

变量	对数似然:-1 082.7 065					
	类别 1(58.40%)		类别 2(11.40%)		类别 3(30.20%)	
	参与率 47.17%		参与率 19.80%		参与率 47.23%	
	系数	标准误	系数	标准误	系数	标准误
补贴额度	0.005***	0.001	0.000	0.005	0.051***	0.012
测土配方施肥	0.563***	0.204	-0.097	0.743	1.664**	0.803
30%有机肥替代无机肥	0.220	0.229	0.423	0.562	1.484*	0.870
侧条施肥	0.831***	0.171	-0.550	0.642	-0.022	0.731
秸秆还田	0.011	0.172	-1.371**	0.557	1.228*	0.710
绿肥还田	1.115***	0.410	-3.489***	1.210	-11.380***	2.630
诱虫板	0.780***	0.184	-0.021	0.709	-0.660	0.571
高效低毒生物农药	0.244	0.164	-0.154	0.487	1.767**	0.864
生态沟渠长度	0.009	0.006	-0.071***	0.019	-0.090***	0.028
生态缓冲带宽度	0.536***	0.206	-0.717	0.627	-3.399***	0.835
田间技术培训	0.221	0.198	0.912	1.019	1.895***	0.512
村部技术培训	0.260	0.159	1.188	0.928	4.426***	1.054
乡镇技术培训	-0.702***	0.233	0.576	1.476	-1.249*	0.683
性别	-0.542	0.389	-0.214	0.541		
年龄	-0.013	0.016	0.038	0.025		

（续表）

变量	对数似然：-1 082.7 065					
	类别1（58.40%）		类别2（11.40%）		类别3（30.20%）	
	参与率47.17%		参与率19.80%		参与率47.23%	
	系数	标准误	系数	标准误	系数	标准误
受教育程度	-0.250	0.294	-0.224	0.452		
家庭收入	0.106**	0.050	-0.037	0.092		
家庭人口	-0.136	0.117	-0.021	0.139		
耕地面积	-0.005	0.008	-0.092**	0.041		
平均田块面积	-0.002	0.014	0.073	0.049		
养殖情况	-0.767**	0.363	-1.763***	0.562		
技术使用经历	0.868**	0.401	-0.121	0.634		
环境变化感知	0.027	0.109	0.108	0.182		
环境污染认知	0.129	0.364	-0.152	0.512		

注：* $p<0.1$，** $p<0.05$，*** $p<0.01$

表7-4 受偿意愿

变量	类别1（元/年·亩）			类别3（元/年·亩）		
	WTA	95%置信区间		WTA	95%置信区间	
测土配方施肥	-116.48	-223.41	-9.54	-32.91	-60.33	-5.49
30%有机肥替代无机肥				-29.35	-59.10	0.39
侧条施肥	-171.91	-290.03	-53.80			
秸秆还田				-24.28	-43.89	-4.66
绿肥还田	-230.74	-444.87	-16.61	225.04	193.47	256.61
诱虫板	-161.34	-262.13	-60.54			
高效低毒生物农药				-34.95	-60.64	-9.26
生态沟渠长度（元/年·米）				1.77	1.09	2.45
生态缓冲带宽度（元/年·米）	-110.85	-229.27	7.58	67.22	50.15	84.29
田间技术培训				-37.47	-54.80	-20.15
村部技术培训				-87.53	-106.98	-68.09
乡镇技术培训	145.19	56.59	233.78	24.70	-1.79	51.19

7.4 讨论

总体上，全国农户对 GATs 的偏好有明显的异质性。LCM 模型确定了 3 个不同的偏好类。其中，第 1 类和第 3 类农户的参与率基本持平且较高，第 2 类农户参与率远远低于另外两类。第 2 类农户没有偏好的技术和货币补偿要求。与第 1 类和第 3 类的农户相比，第 2 类农户难以被激励而参与 AES，即参与的可能性很小。根据各类农户的偏好特征，将第 1 类农户命名为"先锋采纳型"，第 2 类农户命名为"高抗采纳型"，第 3 类农户命名为"积极采纳型"。

第 1 类农户（47.17%）和第 3 类农户（47.23%）选择参与 AES 的平均概率远高于第 2 类农户（19.80%）。糟糕的是，第 2 类农户不受补偿额度的吸引与激励，20% 的参与率似乎也很难实现。而且，除了 3 个显著为负的属性变量外，几乎所有的属性变量均不显著。在 Permadi 等人（2017）的研究中也发现了同样的现象，第 2 类农户接受合同的概率为 0，且第 2 类农户对 AES 属性变量也均不显著。Schulz 等人（2014）估计农民接受"绿色"农业实践的意愿时，得到两类农户，第 1 类农户占 69%，第 2 类农户占 31%，而参与概率分别为 54% 和 3.3%。Permadi 等（2017）认为对"退出不参与"选项的选择与抗议行为有关。Meyerhoff 等（2009）认为有三个可能的原因：抵制和抗议态度，选择集的复杂性和受访者不喜欢从现状转变为 AES 中绿色种植方式。然而，与这些研究的最低参与率（0，3.3%）相比，我们研究的最低参与率要高得多（19.80%）。在我们的研究中，农户选择退出的原因可能是不喜欢改变现状，也并非国外其他研究提到的抵制态度，他们没有表现出抵制参与的态度，造成第 2 类农户参与率低的主要原因是第 2 类农户不主要从事农业。补贴额度可以进一步激励第 1 类和第 3 类农户参与。补偿对农民来说总是很重要（黄炎忠 等，2018）。农户喜欢 GATs，但他们是需要为使用它们付出代价，如技术本身实施成本、时间成本及劳动力成本等的付出。Isik（2004）认为，为了制定有效的补贴计划，补偿金不仅应该包括采用 AET 的成本，还需要更高的补贴来诱导采用 AET，以补偿价值溢价和不确定性。Christensen 等（2011）也发现，超出直接成本的补贴是农户对补贴计划感兴趣的必要条件。

在当前的研究中，每个类别所呈现出来的农户个体社会经济特征有助于我们理解其 GATs 的选择偏好。研究结果显示第 1 类农户所有偏好的 GATs 均极显著，这意味着农民对 GATs 的选择更加明确，表明他们选择的都是他们喜欢并愿意付出代价的技术。这从他们以前曾使用过一种或几种 GATs（技术使用经历正显著）和他们的高家庭收入（收入正显著）可以解释这一点。这跟 Zhang 等人（2015）的研究结果一致，农民的家庭收入显著影响他们的选择和农业环境认知。在三种施肥推荐技术中，第 1 类和第 3 类农户对测土配方施肥的偏好一致，但兼养殖的第三类农户更喜欢 30% 有机肥替代无机肥。而种植户（第 1 类）更喜欢侧条施肥。钟太洋等（2011）指出，养殖户有机肥使用率约为非养殖户的 4.1 倍。第 1 类农户偏好于绿肥还田，第 3 类农户则略倾向于秸秆还田，第 2 类农户两种技术都极显著的排斥。从长远来看，这两种技术对改善土壤质量、提升土壤有机质和减少肥料使用都具有重要作用。张世昌等人（2016）的研究结果表明，秸秆还田和种植绿肥可以使水稻增产近 20%，使土壤有机质和其他养分增加 10% 以上。第 1 类农户和第 3 类农户对害虫控制技术的偏好也不一致。第 1 类农户喜欢诱虫板技术，第 3 类农户喜欢生物农药技术。研究表明生态沟渠技术对水中总氮和总磷的平均去除率分别为 64.3% 和 69.7%（张树楠 等，2015），但这项技术很难推广，第 2 类和第 3 类农户都极显著的排斥这种技术。关于"缓冲带"技术，第 1 类农户采纳意愿很高，而第 3 类农户态度相反。在 Buckley 等（2012）的研究中，半数以上的受访者表示对缓冲带技术持消极态度。Huang 等（2008）比较了 A/B 型（接受培训和田间指导的农民）、C 型（仅接受培训的农民）和 D 型（未接受培训或指导的对照组）农民的肥料使用情况。A/B 型农户化肥减量最高，D 型农户最低，显然培训是促进 GATs 采用的重要环节。然而，在我们的研究中，第一类农户不愿意参加培训，可能的原因是他们曾经使用过 GATs，认为自己有经验不需要进一步的培训。与第 1 类农户相比，第 3 类农户对技术指导与培训表现出了比较积极的态度，乐意在田间或者村里参加技术指导与培训，但也不愿意去镇上参加技术指导与培训，表明就近在家或不出村开展技术指导与培训更适合农户喜好。

7.5 最佳 AES 方案创设

根据全国整体情况的计量分析结果，本研究创设出一套系统性的、兼具激励和约束性质的最佳 AES 方案。该方案包括必选部分、可选部分、培训要求、补贴额度及其他要求共五部分，如表 7-5 所示。

表 7-5 全国整体情况下最佳 AES 方案

方案模块	技术与配套政策类别	具体可实施内容及要求	其他说明
绿色农业技术（必选部分）	化肥减量	测土配方施肥、侧条施肥、30%有机肥替代无机肥	三选一
	农药减量	高效低毒生物农药、诱虫板	二选一
绿色农业技术（可选部分）	还田	绿肥还田、秸秆还田	可选可不选
	生态工程技术	生态缓冲带、生态沟渠	可选可不选
配套政策及其他要求	培训要求	村部技术培训、田间技术培训、乡镇技术培训	三选一
	补贴额度	参考表 7-4 农户对每种技术的受偿意愿值以及当地条件进行计算，完成合同内容方可获得相应补贴	补贴合计
	其他要求	补贴发放、监督、合同年限及退出要求等	

绿色农业技术必选部分放入易推广的技术，即政府主推、至少有一类农户表现出偏好且三类农户均没有表现出非偏好的技术，主要包括化肥减量和农药减量两大技术类别。其中，化肥减量技术农户偏好情况如下：类别 1 和类别 2 农户（占总农户的 88.60%）均对测土配方施肥表现出显著的偏好。此外，类别 1 农户（占比 58.40%）还显著偏好侧条施肥技术，类别 2 农户（占比 30.20%）还显著偏好 30%有机肥替代无机肥技术。因此，化肥减量技术设置

为三选一，但测土配方施肥技术的偏好人群更大，其次是侧条施肥技术，最后是30%有机肥替代无机肥技术。农药减量类技术类别1农户显著偏好诱虫板技术，类别2农户显著偏好高效低毒生物农药技术，且两类农户均没有表现出显著的反对情况，因此设置二选一。

绿色农业技术可选部分放入较难推广的技术，即政府主推但至少有一类农户均表现出反对的技术，主要包括还田和生态工程类技术。58.40%的农户（类别1）显著偏好绿肥还田技术，但其余农户（类别2和类别3）对该技术持反对意见。30.20%的农户（类别3）偏好秸秆还田技术，但11.40%的农户（类别2）对该技术持反对意见。生态缓冲带技术比生态沟渠技术更容易被农户接受。58.40%的农户（类别1）显著偏好生态缓冲带技术，30.20%的农户（类别3）对该技术持反对意见。三类农户均没有对生态沟渠技术表现出显著的偏好，类别2和类别3农户还对该技术表现出了显著的非偏好情况。将难推广的技术列为可选内容，既能激励农户在多选多用多得补贴和不选不用不得补贴的博弈中，尽可能地选择并采纳实施，以实现自身利益最大化，又能达成政府生态环保初衷。因为农户在必选部分中选择采用绿色农业技术获得应得的补贴之后，若在可选部分进一步选择采用某一生态工程技术，可获得额外补贴。这样，采纳绿色农业技术的农户获得的生态补贴是层层递进的、累加的，优于传统"一刀切"的补贴标准。

配套政策及其他要求包括培训要求、补贴额度和其他要求三部分。其中，对于培训要求来说，基于上文计量分析结果，第3类农户更倾向于在离家较近的田间或村部接受技术培训。乡镇技术培训对第1类和第3类农户的参与表现出显著的负向影响。因此，优先推荐在村部或者田间举办技术培训，在乡镇举办技术培训要慎重考虑。对于补贴额度来说，按照农户所选方案内容计算相应补贴。具体而言，主要是参照对农户参与AES方案有显著影响的绿色农业技术与配套政策的受偿意愿，并结合当地补贴条件来具体计算方案补贴额度。至于其他要求，是指对于补贴发放、监督、方案执行合同年限及退出情形等的说明。

综上，最佳AES方案在创设与农户选择上有很大的灵活性，这是促进农户参与 AES 方案的关键因素。灵活性的设计不仅可以最大限度地提高农户参与率，激励农户采纳更多种类的绿色农业技术，而且还能将农户采纳技术种类、数量及要求与补贴额度直接挂钩。最终，通过签约形式实现对农户所选 AES 方案的督导约束，并保证绿色农业技术应用的可持续性。

7.6　小结

源头控制通常比末端治理更具成本效益。近年来，中国一直致力于在源头和最早阶段实施有效控制面源污染的技术。从全国整体的角度来看农户对 GATs 的选择偏好、异质性，以及受偿意愿。与分区域数据得到的结果有所不同，但是又有内在联系，我们发现了更多的细节。仅就本章的研究结果及讨论总结如下。

农户的异质性偏好在 AES 的设计中起着重要的作用。农户技术偏好及 WTA 的变化不仅取决于 GATs，还取决于农户所属的类别。福利的变化不仅取决于属性的层次，还取决于农民所属的层级。这跟第 5 章和第 6 章结果及讨论的一致，固定的自上而下的推行方式效率低，符合农户诉求及偏好的、灵活的 AES 推行方案才是高效的。整体来说，第 2 类农户的偏好没有可参考性，而且他们不主要从事农业生产，且参与率低。

在设计 AES 推行方案合同时，应主要参考第 1 类和第 3 类农户的偏好。施肥方式可优先推荐测土配方施肥，可同时吸引第 1 类和第 3 类农户参与。由于农民表达了不同的害虫防治技术的偏好，因此推广方案也应该灵活选择诱虫板或者生物农药。技术指导与培训可以让农户更好的采纳技术，而且对增强其环境意识很重要。根据研究结果，建议推荐在田间或者村里组织农户培训。以上作为"必选部分"，但又兼顾了灵活性。方案应该根据农户选择不同的技术给予不同的补贴水平，可参考 WTA 的估算值。除了从强制部分使用 GATs 获得的补贴外，农户同时也可以采纳实施"可选部分"的技术并获其对应额外补贴，可选部分的技术建议包括生态沟渠和缓冲带。这样，从全国层面，推行环境友好型农业，设计 AES 推行方案/合同，可以是强制性选择、可选择和其对应的补贴一起构成我们主张的 AES，既科学又灵活，最大程度的减少了各类农户的反对意见，大大提高参与率，实现通过全面推进环境友好型农业实践达到防控农田面源污染目的，进而助力农业绿色发展。

第8章　农户选择偏好异质性来源分析

前面研究结果可以发现农户划分为不同类别或作为整体对 GATs 的选择偏好。本章将农户社会经济变量与属性变量分别交互后，运用 MXL 揭示具有不同特征的农户对 GATs 选择的异质性来源，分析这些 GATs 技术放入 AES 合同如何具体影响不同特征农户参与并签订 AES 合同。主要从以下四个方面来进行分析。

8.1　农户自身特征

农户自身特征，包括性别、年龄、受教育水平三个因素，分别同属性变量组成交互变量，再分别回归（MXL），回归结果见表 8-1。

①对于属性"施肥推荐"的三个水平"测土配方施肥"、"30%有机肥替代无机肥"和"侧条施肥"来说，随着农户受教育水平的提高三种施肥方式的受偿意愿均显著提高；而年龄越大的农户越易接受"测土配方施肥"和"30%有机肥替代无机肥"；男性农户相对于女性农户更易接受"30%有机肥替代无机肥"。即受教育程度越高越利于科学施肥技术的推广与采纳。相关文献也表明，农业科技成果的有效利用和转化对劳动者素质的要求是至少应具备 9 年义务教育的文化基础和初等农业技术水平。农民文化程度每升高一个档次，复杂技术的入户率平均提高 30%（周建华 等，2012）。侧条施肥相对于其他两种施肥方式来说推广时间较晚，农户相对没那么了解。所以年龄大的农户接受度也低于年轻人。有机肥的施用需要更多劳动力，因此男性农户采用该技术的可能性更大。

②对于属性"土壤有机质提升"的两项技术"秸秆还田"和"绿肥还田",农户偏好比较一致,秸秆还田交互变量不显著,绿肥还田交互变量均为负向极显著。说明男性、年龄越大以及受教育程度越高的农户越排斥绿肥还田技术。

③对属性"虫害控制"的两个水平"诱虫板"和"生物农药"来说,仅"生物农药"与"教育水平"的交互变量显著。即农户受教育程度越高越愿意采纳生物农药技术。

④对于防止农田废弃物进入外部环境的技术"生态沟渠"来说,男性、年龄越大的农户不愿意去建造生态沟渠。"缓冲带"跟性别、年龄、教育水平的交互则均不显著。

⑤三种技术指导与培训方式,男性农户更喜欢在田间参加技术指导与培训。年纪越大越喜欢在田间或村里技术指导与培训,越不愿意去镇上参加技术指导与培训。而受教育程度越高的农户也越愿意在田间和村里技术指导与培训,排斥去镇上技术指导与培训。

表8-1 农户自身特征异质性

变量	最大似然=-1 239.066 Prob>chi2=0	最大似然=-1 208.740 Prob>chi2=0	最大似然=-1 218.116 Prob>chi2=0
选择(choice)	系数	系数	系数
补贴额度	0.007 55***	0.008 18***	0.006 52***
(以下为交互变量)	(与"性别"交互)	(与"年龄"交互)	(与"教育水平"交互)
测土配方施肥	0.375	0.006 75**	0.262***
30%有机肥替代无机肥	0.973***	0.008 44**	0.389***
侧条施肥	0.301	0.003 76	0.191**
秸秆还田	0.273	0.001 17	0.094 6
绿肥还田	-1.674***	-0.024 3***	-0.647***
诱虫板	0.191	0.0018	0.024
生物农药	0.017 3	0.002 17	0.141*
生态沟渠	-0.014 0*	-0.000 256***	-0.00198
缓冲带	-0.090 3	0.000 588	0.093 2

（续表）

变量	最大似然=-1 239.066 Prob>chi2=0	最大似然=-1 208.740 Prob>chi2=0	最大似然=-1 218.116 Prob>chi2=0
田间	0.346*	0.005 82**	0.150*
村里	0.123	0.008 35***	0.171**
镇上	-0.247	-0.009 25**	-0.244**

注：* $p<0.05$，** $p<0.01$，*** $p<0.001$

8.2 家庭情况对农户参与的影响

家庭收入和家庭人口数纳入与属性变量交互，结果见表8-2。三种施肥推荐技术的农户采纳意愿均随着家庭收入和人口数的增加而增加。对于土壤有机质提升的两项技术，收入越高的农户越偏好秸秆还田技术，家庭人口数越多的人越排斥绿肥还田技术。收入高的农户机械化采用率越高，而秸秆粉碎还田要靠机械。绿肥还田技术要放弃一季的小麦种植，导致家庭收获的口粮减少，不易被家庭人口数多的家庭采用。家庭人口数多少与虫害控制技术的采纳意愿无关，但是家庭收入越高对两种绿色害虫控制技术的采用意愿越高。家庭人数越多越不偏好于生态沟渠技术，越愿意在田间和村里参加技术指导与培训，越不愿意去镇上参加技术指导与培训。

表8-2 家庭收入及人口的异质性

变量	对数似然=-1 244.937 Prob>chi2=0	对数似然=-1 217.379 Prob>chi2=0
选择（choice）	系数	系数
补贴额度	0.006 41***	0.006 98***
（以下为交互变量）	（与"收入"交互）	（与"家庭人口"交互）
测土配方施肥	0.071 3***	0.127***
30%有机肥替代无机肥	0.088 4***	0.161***
侧条施肥	0.056 7***	0.089 1**
秸秆还田	0.041 4*	0.032 2

(续表)

变量	对数似然=-1 244.937 Prob>chi2=0	对数似然=-1 217.379 Prob>chi2=0
绿肥还田	-0.070 9	-0.320 ***
诱虫板	0.052 6 **	-0.004 46
生物农药	0.039 9 *	0.029 7
生态沟渠	-0.000 246	-0.002 47 *
缓冲带	0.005 89	0.037 7
田间	0.018 6	0.084 9 **
村里	0.021 5	0.085 3 **
镇上	-0.030 2	-0.094 6 *

注：* $p<0.05$，** $p<0.01$，*** $p<0.001$

8.3 耕地及养殖情况对农户参与的影响

耕地持有量越大以及平均田块越大的农户对三种施肥推荐技术的接受度越高，但是养殖户更偏好测土配方施肥。推论，在专注于种植的农户中施肥技术推广较容易，专注于养殖的农户分配到种植的精力要少，选择较容易实施的技术（人力物力机械投入少的）可能性更大。30%有机肥替代无机肥需要更多的人工，而侧条施肥则需要专业的侧条施肥机。土壤有机质提升技术中绿肥还田推广难度很大，无论是在之前几章的 MXL 还是 LCM 中都是负向显著，此处也是。耕地持有量越大的农户越偏好秸秆还田技术，但是田块面积大的农户有相反偏好，可见秸秆还田技术虽然推广早且广泛，但是农户在使用感上存在争议。虫害控制方面而言，诱虫板的安装需要较多劳动力，养殖户排斥该技术。田块面积越大安装起来越费劳力，因此这类耕地特征的农户也排斥。持有耕地面积越大的农户越愿意采纳生物农药技术。平均田块面积越大的农户越偏好缓冲带技术越排斥生态沟渠技术。缓冲带技术一般要求农户在农田预留，这可能是导致田块面积较小农户排斥的原因。田块面积大的农户偏好在田间参加技术指导与培训，其次是村里。而养殖户偏好在村里参加技术指导与培训，其次是田间（表8-3）。

表 8-3 种植养殖特征异质性

变量	对数似然=-1 217.012 Prob>chi2=0	对数似然=-1 211.385 Prob>chi2=0	对数似然=-1 234.526 Prob>chi2=0
选择（choice）	系数	系数	系数
补贴额度	0.007 35***	0.006 85***	0.007 94***
（以下为交互变量）	（与"耕地持有量"交互）	（与"平均田块面积"交互）	（与"养殖情况"交互）
测土配方施肥	0.015 6***	0.087 9**	0.563*
30%有机肥替代无机肥	0.027 3***	0.186***	0.115
侧条施肥	0.016 6***	0.099 6***	0.001 72
秸秆还田	0.010 1**	-0.050 5*	0.279
绿肥还田	-0.448***	-0.833***	-1.730***
诱虫板	0.006 9	-0.037 1*	-0.531*
生物农药	0.013 7**	-0.042 3	0.307
生态沟渠	-0.000 189	-0.003 34***	0.001 49
缓冲带	-0.001 71	0.065 3***	0.054 1
田间	0.006 48	0.148***	0.614**
村里	0.000 58	0.042 9**	0.790***
镇上	-0.008 76	-0.013 9	-0.463

注：* $p<0.05$，** $p<0.01$，*** $p<0.001$

8.4 以往经历及环保态度对农户参与的影响

以往用过技术、认为最近几年农田周围环境有所改善以及认为农业生产会对环境造成危害的几类农户对三种施肥推荐的技术均持积极态度。绿肥还田技术同样被这三个特征的农户群体所排斥。曾使用过 GATs 的农户更偏好于生物农药技术。认为最近几年农田周围环境有所改善的农户反而不喜欢生态沟渠技术。这是值得关注的一点，调研中当问及环境质量如何变好时，很多农户指出的是田间水渠和道路的变化，没有涉及实质性的水质及生态变化。同时他们也认为生态沟渠技术种植的水生植物可能会阻塞排水渠。本研究认为，加强对农户农业环境及GATs的科普教育是很重要的一点。用过技术的农户更愿意在村里参加技术指导与培训，不愿意去镇上参加技术指导与培训。而认为农田周围环境有所改善的农户比较愿意参加技术指导与培训，在田间或者村里，也排斥去镇上参加技术指导与培训。而认为农业生产会对环境造成影响的农户更愿意在田间参加技术指导与培训。

表 8-4 技术使用经历及环境认知带来的异质性

变量	对数似然 = −1 233.014 Prob>chi2 = 0	对数似然 = −1 210.156 Prob>chi2 = 0	对数似然 = −1 244.029 Prob>chi2 = 0
选择（choice）	系数	系数	系数
补贴额度	0.007 11 ***	0.007 51 ***	0.006 55 ***
（以下为交互变量）	（与"以往经历"交互）	（与"环境认知"交互）	（与"农业生产对环境影响"交互）
测土配方施肥	0.454 **	0.118 ***	0.528 **
30%有机肥替代无机肥	0.536 **	0.136 ***	1.044 ***
侧条施肥	0.282 *	0.074 3 **	0.635 ***
秸秆还田	0.104	0.018 3	0.168
绿肥还田	−1.136 ***	−0.297 ***	−0.885 *
诱虫板	0.102	0.022 8	0.090 1
生物农药	0.267 *	0.026 7	0.192
生态沟渠	−0.002 22	−0.002 81 **	−0.005 89
缓冲带	0.122	0.025 5	0.197
田间	0.185	0.069 8 *	0.428 *
村里	0.379 **	0.101 ***	0.15
镇上	−0.609 **	−0.111 **	−0.371

注：* $p<0.05$，** $p<0.01$，*** $p<0.001$

8.5 讨论

基于MXL模型输出结果，整体来看，补贴额度及农户社会经济特征是影响其参与 AES 的主要因素。同时也证实了农户对 GATs 选择偏好异质性的存在，即不同特征的农户对 GATs 的偏好不同（王娜娜 等，2012）。首先，与预期相同，AES 的补贴额度越高，农户参与的可能性越大。Huang 等（2018）认为补贴对农户来说很重要，Herzele 等（2013）也指出补贴是农户参与的重要驱动力，尤其是当让农户采纳较为复杂的 GATs 的时候。此外，一些研究学者还指出，有效的 AES 中补偿金不仅应该包括采用 GATs 的成本，还需要提供更高的补贴来激励农户采用技术，以补偿价值溢价和不确定性（ISIK，2004）。超出直接成本的补贴是农户对 AES 感兴趣的必要条件（Christensen et al.，2011）。当补贴额度不足以覆盖 AES 实施费用时，会降低农户参与的可能性，尤其对小农户来说（Atari et al.，2009）。其次，除补贴额度外，农户社会经济特征是影响其参与 AES 的主要因素。Hodge 等（2007）指出，尽管有一些证据指出其他因素会影响 AES 参与，但是农户社会经济特征是影响 AES 参与率的首要因素。Barreiro-Hurlé 等（2010）的文章也表明当实施的 AES 需要农户做出较少改变时，农户社会经济特征对其是否参与 AES 起决定作用，但是当需要农户对农业生产做出大的改变时，技术因素起决定作用。研究结果显示性别、年龄、家庭人口数、受教育程度、家庭年收入、持有耕地面积、平均田块面积、养殖情况、以往的参与经历、对农田周围环境的认知、对农业生产是否会对环境造成影响的认知都会影响农户 AES 的参与。KNOWLER 等（2007）的文献综述中总结的影响农户 AES 参与的因素在很大程度上也印证了本研究的结果。

由针对农户曾经使用过哪种或哪几种 GATs 的统计分析可知，按被提及的频次由高到低为：秸秆还田、测土配方施肥、使用有机肥、生物农药、侧条施肥。第一，仅有 1~2 户农户提及生态沟渠、缓冲带和绿肥还田技术，没有农户回答使用过诱虫板。表明推行最广泛的技术是秸秆还田技术，然后是三种施肥技术以及生物农药。当这些属性变量与农户社会经济变量交互分析，则发现，大部分变量结果极显著且为正向。第二，对于土壤有机质提升技术秸秆还田及绿肥还田来说，虽然秸秆还田推行最为广泛，但是本研究结果中秸秆还田技术采纳意愿仅随农户家庭收入和耕地持有量的增加而增加，总的来说受偿意愿不高。调研中了解到，农户的问题和顾虑如下：南方秸秆还田会受田内水分较多腐熟不及时浮出水面影响作物生长，北方温度低时秸秆腐熟不完全而影响。描述统计得知仅有一个农户表示曾使用过绿肥还田技术，研究结果也显示，绿肥还田跟农户社会经济变量的交互变量除了与"家庭收入"交互不显著外，其余全部为负向显著，且显著性水平很高。第三，虫害控制的两种技术诱虫板和生物农药，描述统计结果是没有农户使用过诱虫板，而生物农药的使用者较高。模型结果显示诱虫板技术的采纳仅仅随家庭收入的增加而增加，随平均田块面积的增加而降低。而生物农药技术的采纳会随着受教育水平、家庭收入、持有耕地面积的增加而提高，用过 GATs 的农户更愿意采纳该技术，而且没有负向显著的变量，说明农户对该技术的接受度不错。第四，描述统计中有两位农户表示采用过生态沟渠技术，一位农户表示用过缓冲带技术。而模型结果也显示生态沟渠不易推广，缓冲带受偿意愿仅随平均田块面积的增大而增加。第五，关于技术指导与培训方式与农户社会经济变量的交互情况，各群体参加技术指导与培训的意愿都比较积极，但都倾向于在村里或者田间参加技术指导与培训，不愿去镇上参加技术指导与培训。

8.6 小结

中国虽为世界第二大经济体，却依然是一个农业大国。农业生产主要集中在占到农业经营主体 98% 以上分散的超小规模农户身上，他们不科学规范地使用化肥和农药，并习以为常，加之国家层面至今缺少为农民专门设计、便于农民掌握的量化标准，以及缺乏农田生产层面的强制执行措施，导致我国农业面源污染形势日益严峻。鉴于此，本研究开展以环境友好型农业实践为基础的 AES 设计研究，主要关注了如何利用小农参与 AES 的意愿以及对 AES 合同中 GATs 的选择偏好和异质性，来设计更为有效的 AES 以激励和约束农户生产行为。

本章的研究补充对全国研究的发现，给出了更为细致的结果。通过 MXL 模型分析，整体来看，补贴额度及农户社会经济特征是影响其参与 AES 的主要因素。同时研究发现并证实了农户对 GATs 选择偏好异质性的存在，即不同特征的农户对 GATs 的偏好不同。并给出了具体技术跟各类群（社会经济变量）农户的交互影响结果。

我国目前正在推广的各种环境友好型农业实践不应该无选择性地直接推向农户，而是需要根据农户偏好设计灵活的、符合农户口味的合同属性的 AES，方能最大限度地减少反对意见，吸引更多的农户参与，助力更加有效的技术推广。本研究为中国 AES 的制定与设计提供了一种新的方法，为农业面源污染控制、农业绿色发展以及有效管理农户生产行为方面提供科学的政策支撑，逐步引导高投入高消耗农业生产方式向绿色清洁生产方式转变。

第9章 结论与政策建议

9.1 结论

AES 设计方面的研究一般要调查政策使用对象的选择行为、偏好及 WTP/WTA，通常运用陈述偏好法来实现。陈述偏好法逐渐从"直接或者开放式询问偏好及 WTP/WTA"（CVM）向着通过受访者对特定方案选择和回答来"间接估算出偏好、影响因素及 WTP/WTA"（DCE）的方向演进。另外，DCMs 跟处理 CVM 数据常用的二元模型相比，能得到更多的信息，而且要深入和细致很多。DCE 已经成为国际上环境政策设计以及环境物品评估的最优实践。本研究旨在探索农户对目前在推广的众多适于其采用的 GATs 的采纳偏好、异质性、影响因素及 WTA，可为 AES 设计与制定提供更为科学的参考依据。

（1）无论是分区域还是从全国整体的角度，论文均证实了农户对 GATs 的选择偏好异质性的存在。这一点决定了，想要提高技术推广的采纳率就要迎合各种偏好特征的农户的口味。

（2）研究进一步揭示农户的偏好异质性，LCM 模型根据农户对 GATs 的选择偏好将相同偏好的农户归为一类，其他偏好的农户分到另外的类别。模型结果给出每类农户的 GATs 选择偏好、群体特征、该类占总受访人数的比例，以及每类农户选择参与 AES 的概率。

（3）WTA 估计是根据 LCM 的估计参数，进一步估算出了农户所需补偿额度。通过农户对整个 AES 方案的选择，得到农户对 AES 方案设置中的每个 GATs 的受偿意愿。推广中根据纳入方案的技术种类及数量，灵活估算农户采纳方案所需的总的补贴标准。

（4）南方稻区农户按照对 GATs 的选择偏好被分为两类："环境保护型"和"利益驱动型"。"环境保护型"农户不在意补贴额度，愿意为环保付出行动，而且对各种技术的偏好比较明确。相比之下，"利益驱动型"农户只关心补贴额度和提供技术指导与培训的地点，而不关心让他们采纳使用何种技术，补贴水平是他们的关键驱动力。AES 方案里如果包含测土配方施肥、生物农药，并在村里提供技术指导与培训课程则会吸引"环境保护型"农户加入这一计划并签订 AES 合同。GATs 是否容易获得并实施以及食品安全问题是该区域农户关心的焦点。本研究认为"环境保护型"农户的参与应被视为 AES "有效性"的一个重要指标。在我们的研究中，这个群体占了大约 1/3 的受访者，其产生可能跟该区域超高的 GATs 使用经历有关联。

（5）北方稻区农户按照对 GATs 的选择偏好也被分为两类：第 1 类"劳动节约型"和第 2 类"时间节约型"。第 1 类农户女性居多，劳动力和机械的使用成为他们 GATs 采纳的重要限制因素。他们偏好测土配方施肥并且参与技术指导与培训的意愿很高。第 2 类农户男性居多，对绝大多数的 GATs 采纳意愿积极，但是不愿意把时间浪费在技术指导与培训上。北方农户持有耕地面积及平均田块面积远远大于南方，如果实施 GATs 必然要投入更多劳动力和时间，这可能是主导这一分类的重要因素。

（6）南方农户表示曾经使用过 GATs 的概率远远高于北方农户，这一因素可能使得使用过技术的人，有一小部分会成为坚定的"环境保护型"农民。但是整体来看，北方农户参与 AES 的概率要高于南方农户。可能的一个重要原因是，北方农户认为周围环境恶化和认为农业生产对环境质量造成影响的比例要远远高于南方农户。可见农户是否曾经使用过 GATs 以及农户对环境各方面的认知都是影响 AES 推行的重要因素。

（7）全国整体来看农民对 GATs 的偏好有明显的异质性。LCM 模型根据各类农户的偏好特征将农户分为 3 类。第 1 类农户命名为"先锋采纳型"，第 2 类农户命名为"高抗采纳型"，第 3 类农户命名为"积极采纳型"。其中，第 1 类和第 3 类农户的参与率基本持平且较高，而且补贴额度越高参与率越高。第 2 类农户参与率远远低于另外两类，而且这类农户没有偏好的技术和货币补偿要求。与第 1 类和第 3 类的农户相比，第 2 类农户难以被激励而参与 AES，即参与的可能性很小。第 1 类农户偏好测土配方施肥、侧条施肥、绿肥还田、诱虫板以及缓冲带。除了排斥去镇上参加技术指导与培训，没有表现出对其他技术的排斥。第 3 类农户偏好的技术也比较多，有测土配方施肥、30%有机肥替代无机肥、秸秆还田、生物农药、在田间参加技术指导与培训以及在村里参加技术指导与培训。但是他们给出的排斥的技术较第一类农户多，包括绿肥还田、生态沟渠、缓冲带以及去镇上参加技术指导与培训。

（8）农户的异质性偏好在 AES 的设计中起着重要的作用。农户技术偏好及 WTA 的变化不仅取决于 GATs 种类，还取决于农户所属的类别。固定的自上而下的推行方式效率低，符合农户诉求及偏好的、灵活的 AES 推行方案才是高效的。整体来说，第 2 类农户的偏好没有可参考性，而且他们不主要从事农业生产，且参与率低。设计 AES 推行方案合同的话，主要参考第 1 类和第 3 类农户的偏好。施肥方式可优先推荐测土配方施肥，可同时吸引第 1 类和第 3 类农户参与；农户在提高土壤有机质水平技术方面有不同的偏好，我们建议提供两种技术（秸秆还田和绿肥还田）供农户选择；由于农民表达了不同的害虫防治技术的偏好，因此推广方案也应该灵活选择诱虫板或者生物农药；技术指导与培训可以让农户更好的采纳技术，而且对增强其环境意识很重要。根据研究结果，建议推荐在田间或者村里组织农户技术指导与培训。以上作为"强制性必选部分"，但是兼顾了灵活性。方案还应该根据农户选择不同的技术给予不同的补贴水平，可参考 WTA 的估算值。根据研究结果，建议将农户比较排斥的技术如生态沟渠和缓冲带放入"可选部分"。除了从"强制性必选部分"使用 GATs 获得的补贴外，农户同时也可以采纳实施"可选部分"的技术，并获得额外补贴。最终，AES 推行方案/合同由"强制性必选部分""可选部分"、综合补贴、合同实行要求等方面一起构成。至此，AES 的设计在科学、灵活的基础上，最大限度的减少了各类农户的反对意见，最大程度提高农户 AES 参与率。

9.2 政策建议

中国虽为世界第二大经济体,却依然是一个农业大国。对于农业面源污染,预防通常比末端治理和后期环境恢复更具成本效益。国际上通过 AES 与农户签订合同来激励环保型农业实践。中国农业生产主要集中在占到农业经营主体 98% 以上分散的超小规模农户身上,他们不科学规范地使用化肥和农药,并习以为常。加之国家层面至今缺少为农户专门设计的补贴激励政策,以及缺乏农田生产层面的强制执行措施,导致我国农业面源污染形势日益严峻。中国农业面源污染控制的重点和基础是推广 GATs。农户是 GATs 的最终使用者,他们的个人偏好将成为中国农业面源污染控制政策设计的重要参考。鉴于此,本研究开展以绿色农业技术(GATs)为基础的 AES 设计研究,主要关注如何利用小农参与 AES 的意愿以及对 AES 合同中 GATs 的选择偏好和异质性,来设计更为有效的 AES 以激励和约束农户农业生产行为。

本研究为中国 AES 的制定与设计提供了一种新的方法,为农业面源污染控制、农业绿色发展以及有效管理农户生产行为方面提供科学的政策支撑,有助于逐步引导高投入高消耗农业生产方式向绿色清洁生产方式转变。

根据研究结论,本研究对 AES 的设计给出如下政策启示。

第一,深化 AES 方案创设与推广方式革新。本研究通过离散选择实验方法实现农户参与式 AES 方案顶层设计与合同激励-约束型推广方式创新,突破了传统的自上而下命令式农技推广困境。这种政策创设方式有助于推动政府在依然保持农技推广主导作用的前提下,根据农户参与式的自下而上选择偏好创设农技推广新方式,让农户有主人翁意识并为自己的行为感到骄傲,从而长期参与到 AES 方案中来,进行可持续的农业绿色生产。

第二,注重 AES 方案的灵活性。基于混合 Logit 模型和潜在类别模型的估计结果,首先,农户的偏好异质性是政策创设应着重考虑的因素。对于目前正在推广的绿色农业技术,不应该无选择性地直接推向农户,考虑将哪些待推广技术以及配套政策纳入方案显得尤为重要。其次,高效、可持续的 AES 方案应该为农户提供多种选择，而非提供单一的、固定的技术或模式。再次，要考虑农户个体特征，尤其是女性农户体力偏弱、偏好省力农事，男性农户有非农务工增收需求、偏好省时农事。最后，灵活而不僵化的 AES 方案可以使一些属性适应不同类别农户的偏好，这样才能最大程度地减少各类农户的反对意见，从而最大限度地提高农户参与率。

第三，重视区域差异和技术偏好异质性。建议在南方推广 GATs 的时候，AES 方案里要多关注测土配方施肥、生物农药，并在村里提供技术指导与培训课程。加大 GATs 的推广与培训教育，会产生一批"环境保护型"农户，这应被视为 AES"有效性"的一个重要指标；北方耕地持有面积及平均田块面积普遍较大，尤其是黑龙江省。在推广 GATs 应该更关注技术采纳所需要的劳动力和时间。时间和劳动力节约型的 GATs 能获得更好的采纳率。技术指导与培训也很重要，关注点应该在提升农户对环境的整体认知上，例如对环境质量的认知以及农业生产可能对环境带来危害的认知。推测正是因为北方农户环境认知比南方农户高，导致了研究显示的北方农户 AES 参与率高于南方的结果。整体来讲，施肥类的技术如测土配方施肥、30%有机肥替代无机肥、侧条施肥以及虫害控制中的生物农药技术比较易于推广。AES 的设计中可以直接将此类技术放入 AES 推广方案。绿肥还田、生态沟渠以及缓冲带技术推广难度较大，不宜直接推广。可以先对这些技术进行宣传、挑选示范户示范，然后再考虑纳入更多的农户参与。

第四，制定层层递进的绿色农业支持补贴机制。受偿意愿的计算结果表明，不同偏好类别的农户对不同技术所要求的补贴额度不同，科学的农业支持补贴也应该是差异化的。根据农户对 AES 方案选择偏好差异计算得到的受偿意愿，不仅能给补贴标准制定者提供更精准的参考，而且给补贴标准的制定创造更大的调整空间和节省补贴开支的潜力。同时，层层递进的补贴方式可以避免以往"一刀切"的补贴标准，有利于让自愿采纳更多绿色农业技术的农户有机会获得更多的补偿，最终实现更好的政策实施效果和环保效果。

第五，推进农业支持补贴与绿色生产深度融合。农业支持补贴应基于农户的绿色生产实践。本研究通过计算受偿意愿和创设最佳 AES 方案，初步形成了与农户农业生产中绿色农业技术采纳直接挂钩的农业支持补贴标准核算方法。将补贴标准核算与农户采纳绿色农业技术种类、数量及要求直接挂钩，从而提高农业支持补贴政策的指向性、精准性和实效性，切切实实地将农业支持补贴与农业绿色生产和环境保护关联。

第六，建立健全系统性的 AES 方案。未来，AES 方案必须强调系统性和完整性，避免"散装上阵"。在绿色农业技术种类上，应是农田系统内作物生产全过程所涉及系列绿色技术的集成，兼顾化肥减量、农药减量、拦截污染负荷进入外部环境等农田面源污染综合防控目的。在 AES 方案架构和功能上，除了要兼具激励、约束、可持续和灵活性，还应强调系统性和完整性。政府在 AES 的制定以及 GATs 的推广中扮有重要的作用。可以参考欧美 AES 项目推广方式，以合同或者协议的形式进行系统性的推广。本研究的结果可对 AES 方案的设计给予参考，比如方案里放哪种技术可以最大程度的吸引农户参与。另外还可以参考本研究计算的每种技术的农户受偿意愿估算整个方案的补贴额度。建议 AES 推广方案合同包括"必选部分"，放入易于推广的技术和农户偏好的技术；"可选部分"，放入推广难度较大的技术和农户比较排斥的技术；第三部分是"培训要求"，根据本研究的结果，建议在村里或者田间开展农户技术指导与培训；第四部分是"补贴额度"。可设置灵活的补贴额度，农户除了可以获得"必选部分"的技术累计补贴额度外，如果选了"可选部分"的技术可以额外获得更多补贴，最终补贴额度二者相加；第五部分为"其他部分"，包括农户签订这份合同的监管要求等。

总之，本研究通过离散选择实验模拟农户真实政策采纳情景获取调查数据，并基于计量分析结果创设出综合性的最佳 AES 方案。该方案将补贴标准核算与农户采纳绿色农业技术种类、数量及要求直接挂钩，提高了农业支持补贴政策的指向性、精准性和实效性。这是农户参与式政策方案创设的一次有益的实践，为农业绿色发展和农户生产行为管理提供科学支撑，为农业政策创设提供宝贵经验和新的路径支持，是国内农业政策绿色转型的一次深入探索和创新。

参考文献

陈琼，2017. 我国农业推广模式存在的问题及其改善措施. 南方农业，11（2）：74，79.

陈新平，张福锁，2006. 通过"3414"试验建立测土配方施肥技术指标体系. 中国农技推广（4）：36-39.

段然，王伟政，李平，等，2013. 洞庭湖区水稻侧条施肥技术应用与展望. 作物研究，(5)：503-506.

樊辉，赵敏娟，2013. 自然资源非市场价值评估的选择实验法：原理及应用分析. 资源科学，35（7）：1 347-1 354.

耿飙，段艳涛，王娜娜，等，2018. 洱海流域稻蒜轮作系统小农与规模经营户氮肥投入及成本效益研究. 中国农学通报，34（1）：148-153.

关宏志，2004. 非集计模型——交通行为分析的工具. 北京：人民交通出版社.

何丹华，吴明月，倪中烨，等，2017. 浙江省农户测土配方施肥技术采纳意愿及其影响因素研究. 安徽农业科学，45（17）：218-221.

侯淑艳，杜方乐，李艳波，等，2019. 黑龙江省面源污染研究现状. 农学学报，9（6）：18-22.

胡光伟，冯海丽，马逸岚，等，2022. 欧美等发达国家农业面源污染治理经验及其对洞庭湖治理的启示［J］. 农业与技术，42（23）：76-79.

扈艳萍，朱彪，高振芹，2005. 水稻机插侧条施肥效果研究. 辽宁农业科学，(3)：22-23.

黄晓兰，沈浩，2002. 离散选择模型在市场研究中的应用. 中国传媒大学学报：自然科学版，9（4）：34-42.

黄炎忠，罗小锋，李容容，等，2018. 农户认知、外部环境与绿色农业生产意愿——基于湖北省632个农户调研数据. 长江流域资源与环境，(3)：680-687.

李想，陈宏伟，2018. 农户技术选择的激励政策研究——基于选择实验的方法. 经济问题，(3)：52-56.

刘汝亮，洪瑜，李友宏，等，2019. 推进农业绿色发展，助推宁夏引黄灌区乡村振兴. 宁夏农林科技，60（9）：75-77.

刘兆香，王京，王树堂，等，2019. 我国环保技术推广相关政策分析. 环境保护，47（14）：42-46.

陆沈钧，姚俊，曹翔，2020. 浅析太湖流域农业面源污染现状、成因及对策. 水利发展研究，2：40-44，53.

罗永霞，高波，颜晓元，等，2015. 太湖地区农业源对水体氮污染的贡献——以宜溧河流域为例. 农业环境科学学报，(12)：79-87.

祁立新，2020. 绿色农业种植技术的优势及推广对策. 农业开发与装备（2）：112，114.

人民网，2017. 中日农业科技合作紧密相通——侧条施肥技术在宁夏成熟应用. http://scitech.people.com.cn/big5/n1/2017/0720/c1007-29416-576.html.

施园园，赵华甫，郧文聚，等，2016. 基于选择试验法的北京市城乡居民耕地保护支付意愿研究. 水土保持通报，36（5）：178-184.

史恒通，赵敏娟，2015. 基于选择试验模型的生态系统服务支付意愿差异及全价值评估——以渭河流域为例. 资源科学，37（2）：351-359.

石凯含，尚杰，2021. 农业面源污染防治政策的演进轨迹、效应评价与优化建议［J］. 改革（5）：146-155.

唐太平，王鸿宝，谢淑红，2018. 测土配方施肥技术在水稻上的应用. 农业与技术，38（8）：43.

王灿，王德，朱玮，宋姗，2015. 离散选择模型研究进展. 地理科学进展，34（10）：1275-1287.

王骏飞，刘宁锴，王燕，2019. 江苏省太湖流域主要河流污染物入湖总量研究. 污染防治技术，32（6）：25-27，43.

王娜娜，罗良国，2021. 农户环境友好型农业技术选择行为及异质性——基于离散选择实验的研究［J］. 中国农业资源与区划，42（10）：65-74.

王娜娜，王志刚，罗良国. 技术偏好异质性、农户参与式方案创设与政策绿色转型［J］. 中国农村经济，2023（3）：136-156.

王一格，王海燕，郑永林，等，2021. 农业面源污染研究方法与控制技术研究进展［J］. 中国农业资源与区划，42（1）：25-33.

王赞信，2013. 基于离散选择模型的水质改良非市场价值评估——以滇池为例. 长江流域资源与环境，22（10）：1 356-1 362.

武淑霞，刘宏斌，刘申，等，2018. 农业面源污染现状及防控技术. 中国工程科学，20（5）：23-30.

徐晓鹏，2016. 反嵌入：生态文明视阈下农业生态环保技术推广的社区困境——以 SRI 在四川省 X 村的推广为例. 农林经济管理学报，15（3）：327-334.

杨欣，BURTON M，张安录，2016. 基于潜在分类模型的农田生态补偿标准测算——一个离散选择实验模型的实证. 中国人口·资源与环境，26（7）：27-36.

杨玉苹，朱立志，孙炜琳，2019. 农户参与农业生态转型：预期效益还是政策激励？. 中国人口·资源与环境，29（8）：140-147.

姚柳杨，赵敏娟，徐涛，2017. 耕地保护政策的社会福利分析：基于选择实验的非市场价值评估. 农业经济问题，（2）：6，37-45.

杨世琦，2022. 基于国家粮食安全下的农业面源污染综合防治体系思考［J］. 中国农业科学，55（17）：3 380-3 394.

杨芷晴，孔东民. 我国农业补贴政策变迁、效应评估与制度优化［J］. 改革，2020（10）：114-127.

俞振宁，谭永忠，茅铭芝，等，2018. 重金属污染耕地治理式休耕补偿政策：农户选择实验及影响因素分析. 中国农村经济，（2）：109-125.

翟紫剑，苏航，孟令玺，2021. 农业面源污染的危害与治理［J］. 生态经济，37（6）：9-12.

张灿强，王艳，李冉，等，2016. 生态友好型农业技术采用及其影响因素——基于鄂湘鲁豫 355 个农户的调查数据. 湖北农业科学，55（16）：4322-4326.

张欢，潘文，闫镝，等，2015. 乡镇卫生院护理人员工作偏好研究：基于离散选择实验. 中国卫生资源（5）：36-39.

张琼华，王晓昌，王倩，等，2016. 太湖西岸宜兴城市水系污染物时空分布特征. 环境工程学报，10（8）：4 343-4 350.

张世昌，黄功标，廖文强，2016. 福建稻田持续 3 年秸秆还田与绿肥种植的效果对比研究. 中国农技推广，32（9）：53-56.

张树楠，肖润林，刘锋，等，2015. 生态沟渠对氮、磷污染物的拦截效应. 环境科学，036（12）：4 516-4 522.

张维理，张认连，冀宏杰，KOLBE H，陈印军，2020. 中德农业源污染管控制度比较研究. 中国农业科学，53（5）：965-976.

张新月，董怡华，张盛宇，等，2019. 辽河流域农田面源污染治理技术研究. 节能，38（7）：94-96.

章明奎，2015. 我国农业面源污染可持续防控政策与技术的探讨. 浙江农业科学，56（1）：10-14.

赵冬，颜廷梅，乔俊，等，2015. 太湖地区绿肥还田模式下氮肥的深度减量效应. 应用生态学报，26（6）：1 673-1 678.

郑灿，杨子超，邱小琮，等，2018. 宁夏引黄灌区排水沟水环境质量及其影响因素. 水土保持通报，38（6）：74-79，87.

周霞，刘彦文，姜宇榕，2018. 不同土地利用类型对西凉湖面源污染的影响. 科技创新与应用，（15）：56-57，59.

朱大伟，郭娜，王健，等，2016. 离散选择实验在疫苗接种偏好及需求研究中的应用.中国卫生经济(2):5-7.

朱菊隐,李嘉,2019.安徽和县农户环境友好型技术采纳的影响因素分析.中国林业经济(4):28-31,35.

左喆瑜,付志虎,2021.绿色农业补贴政策的环境效应和经济效应——基于世行贷款农业面源污染治理项目的断点回归设计 [J].中国农村经济(2):106-121.

Abebe G K, Bijman J, Kemp R, et al., 2013. Contract farming configuration: Smallholders'preferences for contract design attributes. Food Policy, 40 (C): 14-24. DOI: 10.1016/j. foodpol (1) 002.

Ahnström J, Höckert J, Bergea H L, et al., 2009. Farmers and nature conservation: what is known about attitudes, context factors and actions affecting conservation?. Renewable Agriculture and Food Systems, 24 (1): 38-47. DOI: 10.1017/S1742170508002391.

Barrowclough M J, Alwang J, 2017. Conservation agriculture in Ecuador's highlands: a discrete choice experiment. Environment, Development and Sustainability, 20, 2 681-2 705. DOI: 10.1007/s10668-017-0011-0.

Beharry-Borg N, Smart J C R, Termansen M et al., 2013. Evaluating farmers' likely participation in a payment program for water quality protection in the uk uplands. Regional Environmental Change, 13 (3): 633-647. DOI: 10.1007/s10113-012-0282-9.

Bougette P, 2016. Discrete Choice Models. In: Marciano A, Ramello G. (eds) Encyclopedia of Law and Economics. Springer, New York. DOI: 10.1007/978-1-4614-7883-6_142-1.

Chen Y H, Wen X W, Wang B et al., 2017. Agricultural pollution and regulation: How to subsidize agriculture?. Journal of Cleaner Production, 164: 258-264. DOI: 10.1016/j. jclepro (6) 216.

Clark M D, Determann D, Petrou S, et al., 2014. Discrete choice experiments in health economics: a review of the literature, Pharmacoeconomics, 32

（9）：883-902. DOI：10. 1007/s40273-014-0170-x.

Colen L, Paloma S G Y, Latacz-Lohmann U, et al., 2015. (How) can economic experiments inform EU agricultural policy?, JRC Science and Policy Report EUR 27496. Joint Research Centre of the European Commission, Seville, Spain. DOI：10. 2791/17634.

De Valck J, Vlaeminck P, Broekx S, et al., 2014. Benefits of clearing forest plantations to restore nature? Evidence from a discrete choice experiment in Flanders, Belgium. Landscape and Urban Planning, 125：65-75. DOI：10. 1016/j. landurbplan.2014. 02. 006.

Duke J M, Borchers A M, Johnston R J et al., 2012. Sustainable agricultural management contracts：using choice experiments to estimate the benefits of land preservation and conservation practices. Ecological Economics, 74：95-103. DOI：10. 1016/j. ecolecon. 2011. 12. 002.

European Commission, 2019. Integrating environmental concerns into the CAP. https：//ec. europa. eu/agriculture/envir/cap.

European Commission, 2023a. The common agricultural policy：2023-27. https：//agriculture. ec. europa. eu/common-agricultural-policy/cap-overview/cap-2023-27_en.

European Commission, 2023b. Water Framework Directive. https：//environment. ec. europa. eu/topics/water/water-framework-directive_en.

European Commission, 2023c. Sustainable use of pesticides. https：//food. ec. europa. eu/plants/pesticides/sustainable-use-pesticides_en.

Evans A E V, Mateo-Sagasta J, Qadir M, et al., 2019. Agricultural water pollution：key knowledge gaps and research needs. Current Opinion in Environmental Sustainability, 36：20-27. DOI：10. 1016/j. cosust. 2018. 10. 003.

Gatto P, Mozzato D, Defrancesco E, 2019. Analysing the role of factors affecting farmers' decisions to continue with agri-environmental schemes from a temporal perspective. Environmental Science & Policy, 92: 237-244. DOI: 10. 1016/j. envsci. 2018. 12. 001.

Greiner R, 2016. Factors influencing farmers' participation in contractual biodiversity conservation: a choice experiment with northern Australian pastoralists. Australian Journal of Agricultural and Resource Economics, 60 (1): 1-21. DOI: 10. 1111/1467-8489. 12098.

Lefebvre M, Langrell S R H, GOMEZ-Y-PALOMA S, 2015. Incentives and policies for integrated pest management in Europe: A review. Agronomy for Sustainable Development, 35 (1): 27-45. DOI: 10. 1007/s13593-014-0237-2.

Lizin S, Van Passel S, Schreurs E, 2015. Farmers' perceived cost of land use restrictions: a simulated purchasing decision using discrete choice experiments. Land Use Policy, 46: 115-124. DOI: 10. 1016/j. landusepol. 2015. 02. 006.

Mateo-Sagasta J, Marjani S, Turral H et al., 2017. Water pollution from agriculture: a global review. FAO IWMI 35. http: //www. fao. org/3/a-i7754e. pdf

OECD, 2017. Policy Highlights Diffuse Pollution, Degraded Waters: Emerging Policy Solutions. OECD Environment Directorate. http: //www. oecd. org/environment/resources/Diffuse-Pollution-Degraded-Waters-Policy-Highlights. pdf.

Pal R, Wossink A, Banerjee P, 2018. Social rewards and the design of voluntary incentive mechanism for biodiversity protection on farmland. Indira Gandhi Institute of Development, Mumbai. WP-2018-006. http: //www. igidr. ac. in/pdf/publication/WP-2018-006. pdf.

Permadi D B, Burton M, Pandit R, et al., 2017. Which smallholders are willing to adopt, acacia mangium, under long-term contracts? evidence from a choice experiment study in indonesia. Land Use Policy, 65: 211-

223. DOI: 10. 1016/j. landusepol. 2017. 04. 015.

Quynh C N T, Schilizzi S, Hailu A et al., 2018. Fishers' Preference Heterogeneity and Trade-offs Between Design Options for More Effective Monitoring of Fisheries. Ecological Economics, 151: 22-33. DOI: 10. 1016/j. ecolecon. 2018. 04. 032.

Rakotonarivo O S, Schaafsma M, Hockley N, 2016. A systematic review of the reliability and validity of discrete choice experiments in valuing non-market environmental goods. Journal of Environmental Management, 183: 98-109. DOI: 10. 1016/j. jenvman. 2016. 08. 032.

Schreiner J A, Latacz-Lohmann U, 2015. Farmers' valuation of incentives to produce genetically modified organism-free milk: Insights from a discrete choice experiment in Germany. Journal of Dairy Science, 98 (11): 7498-7509. DOI: 10. 3168/jds. 2015-9515.

Schulz N, Breustedt G, Latacz-Lohmann U, 2014. Assessing farmers' willingness to accept "Greening": insights from a discrete choice experiment in Germany. Journal of Agricultural Economics, 65: 26-48. DOI: 10. 1111/1477-9552. 12044.

Shah K K, Tsuchiya A, Wailoo A J, 2015. Valuing health at the end of life: a stated preference discrete choice experiment. Social Science & Medicine. 124: 48-56. DOI: 10. 1016/j. socscimed. 2014. 11. 022.

Smith L E D, Inman A, Lai X, et al., 2017. Mitigation of diffuse water pollution from agriculture in England and China, and the scope for policy transfer. Land Use Policy, 61: 208-219. DOI: 10. 1016/j. landusepol. 2016. 09. 028.

Smith L E D, Siciliano G, 2015. A comprehensive review of constraints to improved management of fertilizers in China and mitigation of diffuse water pollution from agriculture. Agriculture, Ecosystems & Environment, 209: 15-25. DOI: 10. 1016/j. agee. 2015. 02. 016.

Taylor B M, Grieken M V, 2015. Local institutions and farmer participation in agri-environmental schemes. Journal of Rural Studies, 37: 10 – 19. DOI: 10.1016/j.jrurstud.2014.11.011.

The World Bank, 2020. Fertilizer consumption (kilograms per hectare of arable land). https://data.worldbank.org/indicator/AG.CON.FERT.ZS.

Tur-Cardona J, Bonnichsen O, Speelman S, et al., 2018. Farmers' reasons to accept bio-based fertilizers: a choice experiment in seven different European countries. Journal of Cleaner Production, 197: 406 – 416. DOI: 10.1016/j.jclepro.2018.06.172.

Wang Y D, Yang J, Liang J P, et al., 2018. Analysis of the environmental behavior of farmers for non-point source pollution control and management in a water source protection area in China. Science of The Total Environment, 633: 1126–1135. DOI: 10.1016/j.scitotenv.2018.03.273.

Zhang Q, Xiao H, Duan M, et al., 2015. Farmers' attitudes towards the introduction of agri-environmental measures in agricultural infrastructure projects in China: Evidence from Beijing and Changsha. Land Use Policy, 49: 92–103. DOI: 10.1016/j.landusepol.2015.07.021.